全国技工院校市场营销专业（高级技能层级）
全国高等职业学校市场营销专业

统计与分析（第二版）习题册

中国劳动社会保障出版社

简介

本习题册与全国技工院校、全国高等职业学校市场营销专业教材《统计与分析（第二版）》配套使用。习题册按教材章节的顺序编写，包括填空题、单项选择题、多项选择题、判断题、思考题、综合应用题等，题型丰富，难易适中，供学生课后练习使用。

本习题册配有参考答案，可通过职业教育教学资源和数字学习中心（http://zyjy.class.com.cn）免费下载。

本习题册由刘泽主编。

图书在版编目(CIP)数据

统计与分析（第二版）习题册/刘泽主编．-- 北京：中国劳动社会保障出版社，2018
全国技工院校市场营销专业．高级技能层级　全国高等职业学校市场营销专业
ISBN 978－7－5167－3429－2

Ⅰ.①统…　Ⅱ.①刘…　Ⅲ.①市场调查-统计分析-高等职业教育-习题集　Ⅳ.①F713.52-44

中国版本图书馆 CIP 数据核字(2018)第 110663 号

中国劳动社会保障出版社出版发行

（北京市惠新东街 1 号　邮政编码：100029）

*

北京市艺辉印刷有限公司印刷装订　新华书店经销

787 毫米×1092 毫米　16 开本　8.25 印张　191 千字

2018 年 7 月第 1 版　2023 年 5 月第 2 次印刷

定价：15.00 元

营销中心电话：400-606-6496

出版社网址：http://www.class.com.cn

http://jg.class.com.cn

目录 CONTENTS

模块一　认识统计 …… 1
模块二　数据收集 …… 7
　任务1　二手数据的收集 …… 7
　任务2　原始数据的收集 …… 9
模块三　数据整理与图表显示 …… 14
　任务1　品质数据的整理与图表显示 …… 14
　任务2　数值型数据的整理与图表显示 …… 17
模块四　数据特征的描述 …… 29
　任务1　总量与相对量的测度 …… 29
　任务2　集中趋势的测度 …… 34
　任务3　离散程度的测度 …… 38
模块五　抽样估计 …… 43
　任务1　抽样与抽样分布 …… 43
　任务2　总体均值的区间估计 …… 47
　任务3　总体比例的区间估计 …… 52
　任务4　必要样本量的确定 …… 55
模块六　统计指数 …… 58
　任务1　编制加权综合指数 …… 58
　任务2　编制加权平均指数 …… 62
　任务3　影响因素分析 …… 66
模块七　相关与回归分析 …… 71
　任务1　相关关系及相关程度的确定 …… 71
　任务2　一元线性回归分析 …… 77

模块八　时间序列分析与预测 ········ 85

任务 1　时间序列的描述 ········ 85

任务 2　趋势外推预测 ········ 91

任务 3　季节变动预测 ········ 97

综合试卷一 ········ 100

综合试卷二 ········ 108

综合试卷三 ········ 113

综合试卷四 ········ 118

综合试卷五 ········ 123

模块一　认识统计

一、填空题（请将正确答案填在空白处）

1. “统计”一词包含________、________和________三种含义。

2. 统计通过对________数据的收集、整理和分析，获得________的特征和变化规律。

3. 一个统计数据最基本的构成要素是________、________和________，以及时间、空间等其他内涵规定。

4. 数据按其计量尺度可以分为________、________和________三种。

5. 数据按与时间的关系可分为________、________和________三种。

6. 统计工作过程一般包括________、________、________和________四个阶段。

7. 统计有________、________和________三大职能，其中________是最基本的职能。

8. 研究对象的全体称为________，从中抽取出来的一部分个体组成的总体称为________。

9. ________是构成________的个别事物，它可以是人、物、事件、组织等。

10. 描述总体综合数量特征的统计数据称为________。

11. 描述样本综合数量特征的统计数据称为________。

12. 变量是描述________特征的统计数据，参数是描述________特征的统计数据。

13. 根据变量值是否连续可将变量分为________和________两种。

14. 用文字表示的数据是________和________，用数字表示的数据是________。

二、单项选择题（请在下列选项中选择一个正确答案并填在括号内）

1. 统计学是一门（　　）。

A. 方法论科学　　B. 专门研究自然现象的科学

C. 实质性科学　　D. 专门研究社会经济现象的科学

2. 统计学研究的是（　　）。

A. 抽象的数量关系　　B. 现象的数量方面

C. 现象的质量方面　　D. 现象的所有方面

3. 下列采用非数字尺度测量的数据是（　　）。

A. 国内生产总值　　B. 全国高校在校学生数

C. 学生的专业类别　　D. 粮食产量

4. 下列采用数据尺度测量的数据是（　　）。

A. 分类数据　　B. 顺序数据

C. 数值型数据　　D. 品质数据

5. 在相同或近似相同的时间点上收集的数据称为（　　）。

A. 实验数据　　B. 截面数据

C. 观测数据　　D. 时间序列数据

6. 就一次统计活动来讲，一个完整的过程包括（　　）。

A. 统计调查、统计整理、统计分析、统计决策

B. 统计调查、统计整理、统计分析、统计预测

C. 统计设计、统计调查、统计审核、统计分析

D. 统计设计、统计调查、统计整理、统计分析

7. 对某省职工的工资水平进行调查，调查总体是（　　）。

A. 该省所有职工　　B. 该省所有职工的工资收入

C. 该省某一职工　　D. 该省某一职工的工资收入

8. 下列有关“总体”的表述错误的是（　　）。

A. 属于同一总体的个体单位应具有同质性

B. 属于同一总体的个体单位具有相同的特征表现

C. 总体是根据研究任务确定的

D. 总体必须是客观存在的

9. 以下岗职工为总体，观察下岗职工的性别构成，此时的变量是（　　）。

A. 男性职工人数　　B. 女性职工人数

C. 下岗职工的性别　　D. 性别构成

10. 某移动通信公司在某市六所大学中随机抽取了600名在校大学生进行调查，发现手机号持有时间在两年以下的占53%，这里的53%是（　　）。

A. 参数　　B. 统计量　　C. 样本量　　D. 变量

11. 第10题中移动通信公司所抽取的“600名”在校大学生是（　　）。

A. 总体　　B. 样本　　C. 参数　　D. 统计量

三、多项选择题（请将正确答案填在括号内）

1. 下列数据中属于数值型数据的有（　　）。

A. 上网用户数　　B. 购买金额　　C. 服务质量等级

D. 网络支付方式　　E. 行车时速

2. 下列数据中属于顺序数据的有（　　）。

A. 职工人数　　B. 职业分类　　C. 顾客满意度

D. 商品品牌　　E. 高中低档产品

3. 变量说明总体中个体的特征，有品质变量与数值型变量之分，（　　）。

A. 品质变量可以用数值表示　　B. 品质变量不能用数值表示

C. 数值型变量可以用数值表示　　D. 数值型变量不能用数值表示

E. 两者都可以用数值表示

4. 下列属于离散变量的有（　　）。

A. 某企业职工总人数　　B. 某年汽车产量

C. 全国城镇居民家庭总户数　　D. 某年小麦收购量

E. 城乡居民储蓄存款余额

四、判断题（判断正误并在括号内填√或×）

1. 统计和数学研究的都是数字，二者没有什么差别。（　　）
2. 统计研究的对象是客观现象总体的数量特征及其联系，而非有关某一个体的具体情况。（　　）
3. 统计学是一门方法论科学，因此它适用于所有数据存在的领域。（　　）
4. 所有统计数据都是用数字表示的。（　　）
5. 只能归于某一类别的非数字型数据称为分类数据。（　　）
6. 顺序数据能够反映不同类别的顺序关系，还可以用数字计量。（　　）
7. 某公司一年 12 个月的销售收入是一组截面数据。（　　）
8. 变量是描述个体特征的，参数是描述总体特征的。（　　）
9. 品质变量用文字表示，所以不能转化为反映总体特征的数据。（　　）
10. 连续型变量的取值是连续不断的，所以在校学生人数是连续变量。（　　）

五、思考题

1. 简要解释“统计”一词各种含义之间的关系。

2. 分类数据、顺序数据和数值型数据有何区别？试举例说明。

3. 简述统计工作的流程。

4. 举例说明总体、样本、个体、变量、统计量和参数的含义。

六、综合应用题

1. 某研究机构在网民中发放了 2 000 份问卷，采用有奖答卷的形式进行，目的是测评网上购物者的创新水平，并分析与购物意向间的关系。调查发现，有网上购物意向的消费者中，保守型消费者占 12%，创新型消费者占 34%；而无网上购物意向的消费者中，保守型消费者占 31%，创新型消费者占 13%。调查中列举了影响消费者购物的因素，其中有担心交易是骗局、商品质量难以判断、不能及时送货的风险等。

（1）该项调查中的总体、样本、个体分别是什么？

（2）题目中提到的消费者类型和影响购物的因素分别属于哪种类型的数据？

（3）“保守型消费者占 12%，创新型消费者占 34%”是参数还是统计量？

（4）该调查所获得的数据是时间序列数据、截面数据还是面板数据？为什么？

2. 某校的一个学生学习小组对本校学生做了一次生活费用支出调查。在全校 3 000 名学生中抽取 300 名进行调查，发现他们的平均月生活费支出是 410 元。请指出该项调查的总体、样本、个体、参数、统计量和变量（指出变量类型）分别是什么。

3. 请你对自己感兴趣的问题设计一项调查，并确认这项调查中的总体、样本、个体、参数、统计量和变量。

模块二　数据收集

任务 1　二手数据的收集

一、填空题（请将正确答案填在空白处）

1. 数据从来源上大体分为________数据和__________数据两类。
2. 原始数据是调查者为解决特定问题而收集的，包括_________、_________和实验数据。
3. 二手数据涉及范围广，对于企业而言包括__________和___________。
4. 二手数据的局限性体现在__________、准确性差和__________。

二、单项选择题（请在下列选项中选择一个正确答案并填在括号内）

1. 通过图书馆收集到的资料是（　　）。

A. 次级资料　　B. 初级资料　　C. 第一手资料　　D. 直接资料

2. 下列属于第一手资料的是（　　）。

A. 他人的调查数据　　B. 在互联网上收集到的资料
C. 行业协会公布的数据　　D. 实验调查数据

3. 二手数据获取的特点是（　　）。

A. 速度快　　B. 成本高
C. 难度大　　D. 时间长

三、多项选择题（请将正确答案填在括号内）

1. 二手数据可以（　　）等问题。

A. 明确研究的问题　　B. 寻找处理问题的途径　　C. 构思适当的设计方案
D. 更深刻地解释原始数据　　E. 更好地定义问题

2. 下列属于二手数据的有（　　）。

A. 国民经济宏观统计数据　　B. 社会统计数据　　C. 市场统计数据
D. 问卷调查数据　　E. 营销数据

3. 下列属于二手数据获取途径的有（　　）。

A. 公开发表的刊物　　B. 互联网
C. 期刊　　D. 物价调查员在菜市场的价格记录
E. 统计网站

四、判断题（判断正误并在括号内填√或×）

1. 从数据使用者的角度看，数据有两个来源，即直接来源和间接来源。（　）
2. 实验数据属于二手数据。（　）
3. 来自互联网的数据都是二手数据。（　）

五、思考题

1. 简述原始资料与二手资料的区别。

2. 举例说明二手数据的评估包括哪几个方面。

六、综合应用题

某咨询公司受A企业委托进行同行业市场分析。该咨询公司查阅了工商企业名录和企业排行榜，以及上市公司的公开说明书和公司年报等资料，了解了相关厂商的基本情况，最后为A企业提交了一份比较详细的市场分析报告。请问该咨询公司收集的是原始数据还是二手数据？假如你是该咨询公司此项业务的负责人，需要了解相关厂商的哪些基本情况？

任务 2　原始数据的收集

一、填空题（请将正确答案填在空白处）

1. 统计调查方案应包括____________、____________、__________、____________和____________。

2. 统计调查所规定的调查时间包括___________________和__________________。

3. 对调查总体中部分个体实施调查的常用调查形式是_____________、_____________和_____________。

4. 常用的调查表有单一表和_________两种形式。

二、单项选择题（请在下列选项中选择一个正确答案并填在括号内）

1. 制定统计调查方案的首要问题是（　　）。

A. 选择统计调查方式　　B. 明确调查目的

C. 制订调查的组织实施计划　　D. 明确统计调查单位

2. 调查工业企业设备情况时，调查单位是（　　）。

A. 企业所有设备　　B. 某台设备

C. 设备的所有调查项目　　D. 设备的某一调查项目

3. “为准确地查清我国人口在数量、地区分布、构成和素质方面的变化，为科学地制定国民经济和社会发展战略与规划，统一安排人民的物质和文化生活，检查人口政策执行情况，提供可靠的资料”是人口普查的（　　）。

A. 调查范围　　B. 调查内容

C. 调查方式和方法　　D. 调查目的

4. 非全面调查中最完善、最有科学根据的方式方法是（　　）。

A. 重点调查　　B. 典型调查　　C. 抽样调查　　D. 非全面报表

5. 下列各项调查中属于全面调查的是（　　）。

A. 对某种连续生产的产品进行质量检验　　B. 某地区对工业企业设备进行普查

C. 抽选部分地块进行农作物产量调查　　D. 对某破产企业破产原因进行调查

6. 我国定期取得统计资料的基本调查组织形式是（　　）。

A. 普查　　B. 重点调查　　C. 典型调查　　D. 统计报表

7. 对一批彩电进行质量检验，最适宜采用的方法是（　　）。

A. 全面调查　　B. 抽样调查

C. 典型调查　　D. 重点调查

8. 抽样调查的主要目的是（　　）。

A. 计算和控制抽样误差　　B. 推断总体参数

C. 对调查单位做深入研究　　D. 了解样本的数量特征

9. 对某市几个大型农贸市场秋菜的销售价格进行调查，以了解该市整体秋菜销售价格。

这种调查属于（　　）。

A. 典型调查　　B. 普查

C. 重点调查　　D. 抽样调查

10. 为了解新楼盘的销售情况，调查员亲自去售楼中心现场观察购买者的表现，则该方法是（　　）。

A. 实验法　　B. 个人访问法

C. 直接观察法　　D. 报告法

11. 可以探索因果关系的统计调查方法是（　　）。

A. 面访　　B. 观察法

C. 电话访问　　D. 实验法

12. 可获得较多内容和较高回答率的调查方法是（　　）。

A. 面访　　B. 观察法

C. 电话访问　　D. 实验法

三、多项选择题（请将正确答案填在括号内）

1. 一项完整的统计调查方案应包括（　　）。

A. 选择统计调查方式　　B. 明确调查目的

C. 明确调查范围　　D. 制订调查的组织实施计划

E. 明确统计调查对象和调查单位

2. 统计调查单位是（　　）。

A. 需要调查的总体　　B. 需要调查的总体单位负责人

C. 调查内容的承担者　　D. 负责报告调查结果的单位

E. 调查对象所包含的具体单位

3. 我国第六次人口普查的标准时点是2010年11月1日零时，下列情况应计算人口数的有（　　）。

A. 2010年11月1日1时出生的婴儿

B. 2010年10月31日23时出生、11月2日死亡的婴儿

C. 2010年10月31日23时死亡的人

D. 2010年10月31日8时出生、20时死亡的婴儿

E. 2010年11月1日2时死亡的人

4. 调查工业企业生产情况时，每个工业企业是（　　）。

A. 调查对象　　B. 调查单位

C. 调查资料报告单位　　D. 典型单位

E. 调查范围

5. 下列属于非全面调查方式的有（　　）。

A. 普查　　B. 重点调查　　C. 典型调查

D. 全面统计报表　　E. 抽样调查

6. 抽样调查（　　）。

A. 是一种非全面调查　　B. 按照随机原则选取调查单位

C. 存在抽样误差　　D. 目的在于取得样本指标

E. 不能控制抽样误差

7. 重点调查中的“重点单位”一般是指（　　）。

A. 具有典型代表性的单位

B. 在总体单位数中占有较低比重的少数单位

C. 按随机原则从总体中抽取的单位

D. 在调查的某项变量值上占总体较大比重的单位

E. 工作上或战略上的重点单位

8. 非概率抽样方法有（　　）。

A. 便利抽样　　B. 判断抽样　　C. 滚雪球抽样

D. 配额抽样　　E. 分层抽样

9. 原始数据收集方法有（　　）。

A. 访问法　　B. 观察法　　C. 实验法

D. 问卷法　　E. 邮寄法

10. 互联网调查收集资料的优点是（　　）。

A. 收集的资料经过实际验证，所以客观具体

B. 随着网上固定样本的出现，调查员可以长期跟踪调查

C. 问卷的制作、发放及数据的回收速度快

D. 网络问卷具有良好的视觉效果

E. 网上调查的人群广，问卷可能被重复填答

四、判断题（判断正误并在括号内填√或×）

1. 调查对象是根据调查目的确定的由所有调查单位构成的总体，调查单位是调查对象中的每一个单位，是调查内容的载体。（　　）

2. 对任何研究对象都可以采用普查的方法收集数据。（　　）

3. 对某市下岗职工生活状况进行调查，要求在 30 天内报送调查结果。这里规定的 30 天是调查时间。（　　）

4. 问卷调查中所设计的问卷在结构上一般由开头、主体和备注三部分组成。（　　）

5. 原始数据是指对调查单位直接调查或观察所获得的第一手数据。（　　）

6. 我国现行的统计调查体系以普查作为主要调查方式。（　　）

7. 我国政府统计系统和民间统计机构都可以采用统计报表的方式收集统计数据。（　　）

8. 在一张表中能同时记录多个调查单位数据的表格称为单一表。（　　）

9. 公交公司小李被安排在 1 路公交车上记录每站上下车乘客的人数，这样获得的数据是实验数据。（　　）

10. 配额抽样是一种概率抽样方法。（　　）

11. 电话访问可以获得较为广泛和有代表性的样本。（　　）

12. 研究销售人员的服务水平对销售量的影响可采用实验法。 （　　）

五、思考题

1. 一项调查方案应包括哪些内容？

2. 抽样调查中的抽样方法有哪些？

3. 访问法有哪些具体的方法？各自的优点和缺点是什么？

六、综合应用题

1. 广交汽车俱乐部要在A市引进全自动洗车机（A市之前没有此项洗车服务），为了解此种洗车机的市场前景，判断是否有引进价值，特委托海鸥咨询公司进行此项市场调查。广交汽车俱乐部为此项市场调查提供调查费用1万元。假如你是海鸥咨询公司该项目的负责人，请根据以上信息设计一份市场调查方案。（A市人工洗车：洗一台车需要3人，15分钟，花费5元钱；全自动洗车机：洗一台车需要1人，5分钟，花费15元钱。）

2. 李某打算在某居民小区开办一家超市，于是他进行了一番考察，希望了解该小区周围居民的家庭人口特征及收入水平、未来超市周围的人流量和车流量等情况，以此为超市找到一个合适的地点。李某可以采用何种调查方法取得上述资料呢？

3. 为了解学校在校生的身体健康状况，学校准备进行一次调查。请你设计一套调查方案，并设计一份调查问卷。

模块三　数据整理与图表显示

任务 1　品质数据的整理与图表显示

一、填空题（请将正确答案填在空白处）

1. 数据整理的主要作用是使个体资料＿＿＿＿＿、＿＿＿＿＿，以便于统计分析。

2. 统计整理包括对＿＿＿＿＿＿的整理和对＿＿＿＿＿＿的再整理。

3. 次数分布主要包括＿＿＿＿＿＿＿和＿＿＿＿＿＿＿两个要素。

4. 频数分布数列中各组变量值出现的次数称＿＿＿＿＿，各组单位数占单位总数的比重称＿＿＿＿＿＿。

5. 适用于分类数据的图形主要是＿＿＿＿＿和＿＿＿＿＿。

6. 显示研究对象内部结构通常使用的图形是＿＿＿＿＿＿。

7. 在对比两个或多个总体内部构成时可使用的图形是＿＿＿＿＿＿。

8. 累积频率分为＿＿＿＿＿＿和＿＿＿＿＿＿两种。

二、单项选择题（请在下列选项中选择一个正确答案并填在括号内）

1. 统计整理的关键是（　　）。

A. 对调查数据进行审核　　B. 对调查数据进行分类或分组

C. 对调查数据进行汇总　　D. 编制统计表

2. 某一特定类别或组中的数据个数称为（　　）。

A. 频数　　B. 累积频数

C. 频率　　D. 累积频率

3. 总体中各类别（或组）的单位数占总体单位总数的比重称为（　　）。

A. 频数　　B. 累积频数

C. 频率　　D. 累积频率

4. 次数分布数列中各组频率的总和应该（　　）100%。

A. 大于　　B. 小于

C. 不等于　　D. 等于

5. 下列最适合描述结构性问题的图形是（　　）。

A. 条形图　　B. 累积频数图

C. 圆形图　　D. 累积频率图

6. 下列适用于比较两个或多个总体内部结构的图形是（　　）。
A. 条形图　　B. 累积频数图
C. 圆形图　　D. 环形图

三、多项选择题（请将正确答案填在括号内）

1. 统计整理的方法包括（　　）。
A. 统计分组　　B. 划分经济类型　　C. 审核原始资料
D. 统计汇总　　E. 编制表统计　　F. 绘制统计图
2. 对统计调查所获得的原始资料进行整理，是因为这些原始资料是（　　）。
A. 零散的　　B. 系统的　　C. 有条理的
D. 个体的　　E. 概括性的
3. 频数分布数列的构成要素是（　　）。
A. 总体分类或分组　　B. 分类变量　　C. 顺序变量
D. 频数　　E. 累积频数
4. 次数（　　）。
A. 是指各组的总体单位数　　B. 可分为绝对次数和相对次数
C. 只有在分类数据的次数分布中才存在　　D. 又称频数
5. 下列适用于分类数据的图形有（　　）。
A. 条形图　　B. 圆形图　　C. 环形图
D. 累积频数图　　E. 累积频率图
6. 下列适用于顺序数据的图形有（　　）。
A. 条形图　　B. 圆形图　　C. 环形图
D. 累积频数图　　E. 累积频率图

四、判断题（判断正误并在括号内填√或×）

1. 数据整理就是指对原始资料的整理。（　　）
2. 对原始数据审核时，数据之间有无矛盾的检查属于逻辑性检查。（　　）
3. 任何一个频数分布都必须满足：每一组的频率均大于零，各组频率之和等于 1 或大于 1。（　　）
4. 统计分类或分组后各组的次数也称为频数。（　　）
5. 分类数据可以计算累积频数，顺序数据不能计算累积频数。（　　）
6. 顺序数据只能绘制累积频数图和环形图，不能绘制圆形图和条形图。（　　）

五、思考题

1. 数据整理的程序是什么？

2. 什么是频数分布？它包括哪两个要素？

3. 简述分类数据整理的步骤。

4. 分类数据和顺序数据的图示方法有何不同？

六、综合应用题

1. 某公司对 100 个客户的满意度调查数据如下，其中，A 代表“满意”，B 代表“较满意”，C 代表“一般”，D 代表“不太满意”，E 代表“不满意”。

B D A B C D B B A C E A D A B A E A D B C C B C C C C C B C C B C D E B C D

C E A C C E D C A E C D D D A A B D D A A B C E E B C E C B E C B C D D C C

B D D C A E C D B E A D C B E E C B C B E C B C

要求：

（1）指出上面数据的类型。

（2）用 Excel 进行排序并制作频数分布表，计算累积频数。

（3）用 Excel 绘制条形图和饼形图，反映客户满意度的分布。

2. 数据显示，2017 年度中国网络广告市场规模达到 3 327 亿元。其中电商广告以 30.0%居首，随后是搜索广告占 26.4%，品牌图形广告占 13.4%，信息流广告占 11.2%，视频贴片广告占 8.3%，固定文字链广告和分类广告共占 3.8%，其他形式广告占 3.3%。

要求：

（1）指出上述广告属于何种类型的数据。

（2）将上述数据绘成饼图。

任务 2　数值型数据的整理与图表显示

一、填空题（请将正确答案填在空白处）

1. 统计分组同时具有两方面的含义：对总体而言是__________，即将总体区分为性质________的若干部分；对总体单位而言是________，即将性质相同的总体单位合在一起。

2. 数值型数据分组的关键是__________和____________，核心是__________。

3. 对数值型数据分组形成两种分组形式，即__________和__________。

4. “每个组只用一个变量值来表示”是________分组的特点。

5. “每个组用变量值变化的范围来表示”是__________分组的特点。

6. 组限的形式有_______和_______两种。

7. 对于离散变量，当变量值变动幅度比较小时，分组应采取____________；当变量值变动幅度很大、项数很多时，分组应采取____________。

8. 对于连续型变量只能进行组距式分组，且相邻组的组限必须_______。

9. 当各组组限采用重叠组限时，应坚持__________原则，以避免数据重复计算。

10. 组距式分组中，一般用________作为各组一般水平的代表。

11. 对于未分组的数值型数据，可绘制的图形是________和________。

12. 对于已分组的数值型数据，可绘制的图形是________。

13. 统计表从形式上主要由________、________、________和________四部分组成。

14. 分组表的常见形式有__________、__________和__________。

二、单项选择题（请在下列选项中选择一个正确答案并填在括号内）

1. 对一组数据分组的结果表现为（　　）。

A. 组内差异性，组间同质性　　B. 组内同质性，组间同质性

C. 组内同质性，组间差异性　　D. 组内差异性，组间差异性

2. 统计分组就是对统计总体按（　　）分组。

A. 品质变量　　B. 数值型变量

C. 某一变量　　D. 所有变量

3. 在编制组距数列时，影响各组频数多少的主要因素是（　　）。

A. 组数和组距　　B. 组数

C. 组距　　D. 组中值

4. 按数值型数据分组时，组距和组数的关系是（　　）。

A. 组数越多，组距越大　　B. 组数越多，组距越小

C. 组数和组距偶尔有联系　　D. 组数和组距没有必然联系

5. 统计表在形式上的基本构成是（　　）。

A. 单一表和一览表　　B. 简单表和分组表

C. 总标题、横栏、纵栏、数字　　D. 主词和宾词

6. 15 个家庭的孩子数量资料如下：2，1，3，1，2，2，1，2，1，1，2，3，2，4，1。若按孩子数量对 15 个家庭分组，应采用（　　）。

A. 单项式分组　　B. 等距分组

C. 不等距分组　　D. 以上几种分组均可

7. 在进行组距分组时，对于连续型变量，相邻两组的组限（　　）。

A. 必须是重叠的　　B. 必须是顺序的

C. 可以是重叠的，也可以是顺序的　　D. 必须取整数

8. 若一名学生的考试成绩为 80 分，分组时该变量值应归入（　　）。

A. 70~80 分组　　B. 80~90 分组

C. 70~80 分和 80~90 分两组都可以　　D. 作为上限的那一组

9. 在分组时，凡遇到变量值刚好等于相邻两组上下限数值的情况，一般是（　　）。

A. 将此值归入上限所在组　　B. 将此值归入下限所在组

C. 此值归入两组均可　　D. 另立一组

10. 某连续型变量的组距数列，其末组为开口组，下限为 600，其邻组的组中值为 550，则末组的组中值为（　　）。

A. 550　　B. 650　　C. 700　　D. 750

11. 在进行组距分组时，以组中值作为该组数据代表值的假定前提条件是（　　）。

A. 各组变量值均相等　　B. 各组数据在本组内呈均匀分布

C. 各组组距均相等　　D. 各组频数均相等

12. 描述小批量数值型数据分布的最佳图形是（　　）。

A. 条形图　　B. 茎叶图　　C. 直方图　　D. 饼图

13. 描述大批量数值型数据分布的最佳图形是（　　）。

A. 条形图　　B. 茎叶图　　C. 直方图　　D. 饼图

14. 与直方图相比，茎叶图（　　）。

A. 没有保留原始数据的信息　　B. 保留了原始数据的信息

C. 不能有效展示数据的分布　　D. 更适合描述分类数据

15. 对某班学生进行以下分组所形成的统计表是（　　）。

按性别分组		人数(人)
男	20 岁以下	23
	20 岁以上	7
	合计	30
女	20 岁以下	15
	20 岁以上	5
	合计	20

A. 简单分组表　　B. 复合分组表

C. 交叉分组表　　D. 简单汇总表

三、多项选择题（请将正确答案填在括号内）

1. 统计分组（　　）。

A. 对总体而言是“分”　　B. 对总体而言是“合”

C. 对个体而言是“分”　　D. 对个体而言是“合”

2. 分组变量的选择（　　）。

A. 应考虑研究的目的　B. 应适应被研究对象的特征
C. 只能是数值型变量　D. 只能是品质变量
E. 应考虑研究对象所处的历史条件

3. 对离散型变量进行分组（　　）。

A. 可按每个变量值分别列组　B. 可根据情况使用组距式分组
C. 相邻组的组限不能重叠　D. 相邻组的组限可以重叠
E. 各组组距必须相等

4. 下列可用来表现数值型数据分布的图形有（　　）。

A. 条形图　B. 直方图　C. 线图
D. 饼图　E. 茎叶图　F. 散点图

5. 直方图（　　）。

A. 主要用于显示数值型数据的分布　B. 主要用于显示分类数据的分布
C. 等距分组时可用矩形的高度表示频数　D. 一般用矩形的面积表示频数
E. 异距分组时可用矩形的高度表示频数

6. 描述两个以上变量之间关系的图形有（　　）。

A. 条形图　B. 直方图　C. 环形图
D. 气泡图　E. 茎叶图　F. 散点图

7. 统计表的基本构成有（　　）。

A. 总标题　B. 纵栏标题
C. 横栏标题　D. 数字资料

8. 常见的统计分组表有（　　）。

A. 简单分组表　B. 时间序列表
C. 复合分组表　D. 交叉分组表

四、判断题（判断正误并在括号内填√或×）

1. 统计分组以后，掩盖了各组内部各单位的差异，而突出了各组之间的差异。（　　）
2. 在进行统计分组时，总体中的任何一个单位都有可能同时归属于两个不同的组。（　　）
3. 分组变量可以是品质变量，也可以是数值型变量。（　　）
4. 按品质变量和按数值型变量分组所形成的分布数列，都可称为次数分布。（　　）
5. 按数值型数据分组形成的次数分布数列不能计算累积频数和累积频率。（　　）
6. 连续型变量和离散型变量在进行组距式分组时，均可采用重叠组限的方法。（　　）
7. 数值型数据不适宜绘制圆形图和条形图。（　　）
8. 箱线图最突出的优点是在反映数据分布的同时能保留原始信息。（　　）
9. 直方图只适用于分组的数值型数据。（　　）
10. 直方图就是条形图。（　　）
11. 统计表就是次数分布表。（　　）
12. 统计表中不应有数据的表格单元用“…”表示。（　　）

五、思考题

1. 统计分组的一般原则是什么？

2. 单项式分组和组距式分组各有什么特点？各自的适用条件是什么？

3. 如何确定组距式数列中的组限？

4. 茎叶图与直方图有何区别？

六、综合应用题

1. 某公司 50 位员工的工资额（元）资料如下：

4 550	2 480	1 400	4 950	1 580	5 980	3 890	2 890	4 520	910
1 090	4 210	9 900	1 900	980	2 700	4 500	1 200	9 500	1 050
1 080	2 600	1 800	5 600	3 600	3 200	2 100	3 100	3 200	2 800
930	1 500	2 400	3 600	4 400	5 700	5 200	3 200	4 700	9 300
1 200	2 500	1 500	2 200	3 500	4 500	3 800	2 600	2 500	1 600

要求：

（1）根据上述资料进行组距式分组，形成频数分布数列。

（2）根据频数分布数列绘制直方图。

2. 某电器在全国各销售点的销售情况如下：

销售量(万台)	销售点(个)
200 以下	22
200~240	28
240~260	31
260~280	24
280~300	10
300 以上	5
合计	120

要求：

(1) 根据上述资料回答该变量数列属于什么类型的变量数列以及组限的确定方法是什么。

(2) 根据上述资料回答第一组和最后一组的组中值分别是多少。

3. 2000—2017 年某地区城镇居民人均可支配收入和城镇居民家庭恩格尔系数如下：

年份	城镇居民人均可支配收入(元)	城镇居民家庭恩格尔系数(%)
2000	1 700. 6	53. 82
2001	2 026. 6	52. 86
2002	2 577. 4	50. 13
2003	3 496. 2	49. 89
2004	4 283. 0	49. 92
2005	4 838. 9	48. 6
2006	5 160. 3	46. 6
2007	5 425. 1	44. 5
2008	5 854. 0	41. 9
2009	6 280. 0	39. 2
2010	6 859. 6	37. 9
2011	7 702. 8	37. 68
2012	8 472. 2	37. 1
2013	9 422. 0	37. 7
2014	10 493. 0	36. 7
2015	11 759. 0	35. 8
2016	13 786. 0	36. 3
2017	15 210. 0	37. 1

要求：

（1）指出上面数据的类型。

（2）绘制城镇居民人均可支配收入和城镇居民家庭恩格尔系数关系的散点图。

（3）绘制城镇居民人均可支配收入的折线图。

4. 某公司三月份 31 天的销售额（万元）资料如下：

41	46	35	42	25	36	28	36	29	45	46	37	47	37	34	37
38	37	30	49	34	36	37	39	30	45	44	42	38	43	26	

要求：

（1）指出上面数据的类型。

（2）用 Excel 对数据进行排序。

（3）进行适当的分组并编制频数分布表。

（4）绘制直方图。

（5）绘制茎叶图。

（6）绘制箱线图。

5. 某种袋装食品的重量约为 500 克，随机抽取 50 袋，测得的重量如下：

57	51	53	52	50	49	49	51	54	55	46	60	51	51	52
52	44	59	47	53	49	52	48	46	53	59	57	45	48	57
54	54	53	48	47	53	52	45	44	49	55	51	50	47	45
50	42	46	57	56										

要求：

（1）指出上面数据的类型。

（2）用 Excel 对数据进行排序。

（3）进行分组并编制频数分布表。

（4）绘制直方图。

（5）绘制茎叶图。

6. 某市31家企业职工年平均工资（元）资料如下：

企业序号	年平均工资	企业序号	年平均工资	企业序号	年平均工资
1	34 191	12	15 334	23	15 826
2	25 271	13	17 146	24	14 344
3	14 707	14	13 688	25	16 140
4	15 645	15	16 614	26	28 950
5	15 985	16	14 282	27	14 796
6	17 331	17	14 419	28	14 939
7	14 409	18	15 659	29	19 084
8	14 458	19	23 959	30	17 211
9	34 345	20	15 461	31	15 558
10	20 957	21	14 417		
11	25 896	22	16 630		

要求：对上述数据进行分组，并绘制直方图。

模块四　数据特征的描述

任务 1　总量与相对量的测度

一、填空题（请将正确答案填在空白处）

1. 描述总体综合数量特征的指标有＿＿＿＿＿＿、＿＿＿＿＿和＿＿＿＿＿＿三种类型。

2. 2017 年某地区生产总值为 39 404 亿元，这是一个＿＿＿＿＿指标。

3. 总量指标按反映总体的内容不同，可分为＿＿＿＿＿＿＿＿和＿＿＿＿＿＿＿＿；按反映的时间状态不同，可分为＿＿＿＿＿＿＿＿＿和＿＿＿＿＿＿＿＿。

4. 总量指标的计量单位有＿＿＿＿＿、＿＿＿＿＿和＿＿＿＿＿。

5. 相对指标的计量形式有两种，即＿＿＿＿＿＿和＿＿＿＿＿＿。

6. 相对指标有＿＿＿＿＿＿＿＿、＿＿＿＿＿＿＿＿、＿＿＿＿＿＿＿、＿＿＿＿＿＿＿＿＿、＿＿＿＿＿＿＿＿和＿＿＿＿＿＿＿六种计算形式。

7. 检查中、长期计划完成程度的方法是＿＿＿＿＿＿和＿＿＿＿＿＿。

8. 男女出生性别比是＿＿＿＿＿相对指标；女性人口与总人口数之比是＿＿＿＿＿相对指标；人口总数与国土面积之比是＿＿＿＿相对指标；两个国家人口数之比是＿＿＿＿＿相对指标；两个时期的人口数之比是＿＿＿＿＿＿相对指标。

二、单项选择题（请在下列选项中选择一个正确答案并填在括号内）

1. 总量指标按内容的不同，可分为（　　）。

A. 时期指标和时点指标　　B. 单位总量和标志总量

C. 质量指标和数量指标　　D. 实物单位和价值单位

2. 下列指标中属于时点指标的是（　　）。

A. 粮食产量　　B. 工业总产值

C. 高等学校招生人数　　D. 商品库存额

3. 下列指标中属于时期指标的是（　　）。

A. 商品销售额　　B. 银行储蓄存款余额

C. 月末商品库存　　D. 职工人数

4. 工时、工日属于总量指标的（　　）。

A. 双重单位　　B. 自然单位

C. 劳动单位　　D. 价值单位

5. 调查某班 25 名学生的学习情况，则单位总量是（　　）。

A. 该班 25 名学生　　B. 该班每名学生

C. 该班 25 名学生的学习成绩总和　　D. 该班每名学生的学习成绩

6. 某企业计划今年单位成本比去年下降 4%，而实际下降了 6%，问该企业今年的计划完成程度为（　　）。

A. 没有完成计划任务，还差 2.08%

B. 已完成计划任务，超额完成了 2.08%

C. 没有完成计划任务，还差 1.92%

D. 已完成计划任务，超额完成了 1.92%

7. 用“累计法”检查长期计划的完成情况适用于（　　）。

A. 规定计划期初应达到的水平

B. 规定计划期内某一时期应达到的水平

C. 规定计划期末应达到的水平

D. 规定整个计划期累计应达到的水平

8. 本年出生婴儿中，男性占 52.2%，女性占 47.8%，这是（　　）。

A. 结构相对指标　　B. 比较相对指标

C. 比例相对指标　　D. 强度相对指标

9. 将不同地区、部门、单位之间同类指标进行对比所得出的综合指标称为（　　）。

A. 动态相对指标　　B. 结构相对指标

C. 比例相对指标　　D. 比较相对指标

10. 某地区 2017 年年底有 1 000 万人口，零售商店数为 5 万个，则商业网点密度指标为（　　）。

A. 0.5 个/千人　　B. 0.5 千人/个

C. 200 个/人　　D. 200 人/个

三、多项选择题（请将正确答案填在括号内）

1. 总量指标的计量单位有（　　）。

A. 实物单位　　B. 品质单位　　C. 价值单位

D. 劳动单位　　E. 变量单位

2. 时期总量指标有（　　）。

A. 历年招生人数　　B. 历年增加的在校生人数　　C. 历年在校生人数

D. 历年毕业生人数　　E. 年末在校生人数

3. 时点总量指标有（　　）。

A. 物资库存量　　B. 年末人口数　　C. 商品库存额

D. 学生人数　　E. 商品销售额

4. 研究某地区工业企业职工工资情况，则（　　）。

A. “职工人数”为总体单位总量

B. “工资总额”为标志总量

C. “职工人数”为标志总量
D. “工资总额”为总体单位总量
E. “工资总额”为时期指标

5. 相对指标的表现形式有（　　）。
A. 有名数　　B. 无名数　　C. 百分数
D. 千分数　　E. 小数

6. “十二五”规划规定在计划期期末森林面积要达到500平方米，而实际计划期期末森林面积达到了550平方米，则“十二五”规划的森林种植计划完成程度为（　　）。
A. 110%　　B. 超额10%　　C. 90.90%
D. 差9.10%　　E. 差10%

7. 比例相对指标是指（　　）。
A. 不同国家、不同地区、不同企业或不同部门在同一时间、不同空间条件下同类指标数值对比的结果
B. 两个性质不同但又有密切联系的总量指标对比的结果
C. 总体中某一部分数值与另一部分数值对比的结果
D. 总体中各部分数值之间的对比关系
E. 总体中的一部分数值与总体全部数值对比的结果

8. 某地区2017年第一、二、三产业增加值之比为1 : 3.78 : 3.17，则该指标为（　　）。
A. 相对指标　　B. 结构相对指标　　C. 比例相对指标
D. 比较相对指标　　E. 强度相对指标

四、判断题（判断正误并在括号内填√或×）

1. 绝对数表明现象所达到的规模或水平，相对指标是关于两个有相互联系的指标的对比。（　　）

2. 对某市工业企业进行经营状况调查，所调查的全部企业的个数就是总体单位总量；而该市所有企业的从业人员总量、所有企业实现的销售收入总额和实现的利润总额等汇总指标就是总体标志总量。（　　）

3. 时期指标数值大小与所包含的时期长短成正比，时点指标数值大小与时点间隔成正比。（　　）

4. 对于任何指标而言，只要计划完成程度超过了100%，就意味着完成了计划任务。（　　）

5. 如果一个指标的数值越大，说明经济实力越强，则该指标为正指标；反之，说明该指标为逆指标。（　　）

五、思考题

1. 简述时期总量与时点总量的区别。

2. 举例说明几种常用的相对指标。

六、综合应用题

1. 某企业 2016 年某种产品单位成本为 800 元，2017 年计划比 2016 年下降 8%，而实际下降了 6%。该企业 2017 年计划产品销售量为上年的 108%，实际上是上年的 114%。试确定：

（1）该种产品 2017 年单位成本计划水平与实际水平。

（2）2017 年单位产品成本计划完成程度。

（3）2017 年单位产品成本实际比计划多或少完成的百分点。

（4）2017 年产品销售计划完成程度。

2. 某企业“五年计划”规划规定基本建设投资总额为 3 000 万元，五年实际累计完成投资额为 4 000 万元。试求计划完成情况的相对指标。

3. 某企业 2017 年计划产值为 2 000 万元，比上年增长 25%，实际超额 10%完成计划。问：2017 年实际产值达到多少万元？比去年增长多少？

4. 某有限责任公司下属三个分公司2017年上半年销售计划执行情况如下：

分公司名称	第一季度销售额（万元）	第二季度					第二季度销售额与第一季度销售额之比（%）
		销售额（万元）		销售额比重（%）		销售计划完成程度（%）	
		计划	实际	计划	实际		
大和公司	60	70					110
金狮公司	80	95				100	
全有公司	110		150	40			
合计	250						

要求：请根据表中已有数据进行推算，将表格填写完整。

任务2　集中趋势的测度

一、填空题（请将正确答案填在空白处）

1. 对数据集中趋势测度时，经常使用的计算方法有__________、__________、__________和__________。

2. 算术平均数又称为________，是一组数据相加后除以数据个数的结果。

3. 根据所计算的数据是否分组，算术平均数又分为__________和__________。

4. 加权算术平均数等于简单算术平均数的条件是__________。

5. ________对加权算术平均数的大小起权衡轻重的作用。

6. 在总体单位数足够多，数据具有明显的集中趋势时，可用______作为一组数据的代表值。

二、单项选择题（请在下列选项中选择一个正确答案并填在括号内）

1. 某鞋类专柜对某天所卖女鞋情况进行调查，发现当天卖出女鞋情况如下：36 号卖了 3 双，37 号卖了 18 双，38 号卖了 10 双，39 号卖了 15 双，40 号卖了 7 双，则代表一般水平的众数是（　　）。

A. 36 号　　B. 37 号　　C. 38 号

D. 39 号　　E. 40 号

2. 受极端数值影响最小的平均数是（　　）。

A. 算术平均数　　B. 调和平均数　　C. 几何平均数　　D. 位置平均数

3. 凡是变量值的连乘积等于总比率或总速度时，计算其平均比率或平均速度可以采用（　　）。

A. 算术平均法　　B. 调和平均法　　C. 几何平均法　　D. 中位数法

4. 平均数反映了研究总体的（　　）。

A. 集中趋势　　B. 离中趋势　　C. 绝对趋势　　D. 相对趋势

5. 众数是研究变量数列中（　　）。

A. 出现次数最多的变量值　　B. 出现次数最少的变量值

C. 出现次数中等的变量值　　D. 出现次数一般的变量值

三、多项选择题（请将正确答案填在括号内）

1. 算术平均数是数据集中趋势的最主要测度值，这是因为（　　）。

A. 它不易受极端值影响

B. 它反映了数据分布的中心位置和数据必然性的特点

C. 它有许多优良的数学性质

D. 它比中位数和众数更具稳定性

E. 它在计算方法上也是最简单的

2. 众数的特点包括（　　）。

A. 是一种位置平均数

B. 不受各单位标志值的影响

C. 次数分布数列中没有明显的集中趋势时不存在众数

D. 有的分布存在着多个众数

E. 全部分布只有一个众数

3. 平均指标反映社会经济现象的（　　）。

A. 绝对水平　　B. 一般水平　　C. 离散趋势

D. 相对水平　　E. 集中趋势

4. 下列指标中反映现象平均水平的是（　　）。

A. GDP 总量　　B. 人均国民收入
C. 平均工资　　D. 工人劳动生产率
E. 成交量最多的商品价格

5. 加权算术平均数的大小受（　　）的影响。
A. 各组变量值水平高低　　B. 各组绝对权数大小
C. 组距数列中各组组中值大小　　D. 各组相对权数大小
E. 单变量数列中各组变量值大小

四、判断题（判断正误并在括号内填√或×）

1. 加权算术平均数和加权几何平均数中的权数作用不同。（　　）
2. 利用组中值计算的加权算术平均数是一个比较精确的数值。（　　）
3. 如果一组数据中含有异常的或极端的数据，就有可能得到代表性不高的甚至可能产生误导的平均数，这时使用众数来度量该组数据的集中趋势比较合适。（　　）
4. 中位数与众数易受极端值的影响。（　　）
5. 当变量值的连乘积等于总比率或总速度时，宜用几何平均数计算平均数。（　　）

五、思考题

1. 简要说明算术平均数、众数和中位数之间的关系。

2. 简述几何平均数的含义及特点。

六、综合应用题

1. 已知 5 名学生统计学的成绩为 60 分、78 分、95 分、54 分和 90 分，请计算这 5 名学生统计学的平均成绩。

2. 某企业工人按日产量分组资料如下：

日产量 x（件）	工人人数 f（人）	比重 $f/\Sigma f$（%）
15	10	7
16	20	13
17	30	20
18	50	33
19	40	27
合计	150	100

要求：根据资料计算工人的平均日产量（采用两种权数计算）。

3. 抽取 300 户职工调查某地区家庭收入情况，资料如下：

按平均每人每月收入分组（元）	职工户数
400~600	16
600~800	14
800~1 000	50
1 000~1 200	75
1 200~1 400	80
1 400~1 600	50
1 600~1 800	10
1 800~2 000	5
合计	300

要求：根据上述资料计算职工家庭平均每人每月收入的算术平均数、中位数和众数。

4. 某市财政收入 2000—2009 年平均每年增长 7%，2010—2015 年平均每年增长 10%，2016—2017 年平均每年增长 8%，问该市财政收入 2000—2017 年间的年平均增长率是多少？

任务 3　离散程度的测度

一、填空题（请将正确答案填在空白处）

1. 离散指标主要包括__________、__________、__________、__________、__________和__________。

2. __________主要用于衡量众数对一组数据的代表程度，用非众数组的频数之和占总频数的比重（%）表示。

3. 离散趋势越大，平均指标的代表性就越_____；反之，平均指标的代表性就越____。

4. __________和________是计算离散程度最常用的指标。

5. 可用无名数表示的离散指标是__________。

6. 已知平均数等于 3 200，离散系数为 26%，则标准差为_____。

二、单项选择题（请在下列选项中选择一个正确答案并填在括号内）

1. 如果将一组数据排序后分为四份，则上四分位位于（　　）。

A. 中点位置　　B. 50%位置　　C. 25%位置　　D. 75%位置

2. 标准差与平均差的根本区别是（　　）。

A. 意义不同　　B. 计算公式不同

C. 数学处理方法不同　　D. 计算结果不同

3. 反映变量值相对离散程度的指标是（　　）。

A. 四分位差　　B. 异众比率　　C. 标准差　　D. 离散系数

4. 四分位差是指（　　）。

A. 上四分位数减下四分位数

B. 下四分位数减上四分位数

C. 中位数减下四分位数

D. 上四分位数减中位数

5. A、B 两公司工人的平均工资分别是 420 元和 537 元，方差均为 80 元。（ ）的平均工资更具有代表性。

A. A>B　　B. A<B　　C. A = B　　D. 不能计算

6. 标准差数值越小，则说明变量值（ ）。

A. 越分散，平均数代表性越低

B. 越集中，平均数代表性越高

C. 越分散，平均数代表性越高

D. 越集中，平均数代表性越低

7. 在抽样推断中，常用的离散指标是（ ）。

A. 极差　　B. 四分位差　　C. 标准差系数　　D. 标准差

8. 在离散指标的计算中，计算最为简单的是（ ）。

A. 极差　　B. 四分位差　　C. 标准差　　D. 标准差系数

9. 反映两组计量单位不同数据的离散程度时，适用的离散指标是（ ）。

A. 极差　　B. 离散系数　　C. 平均差　　D. 标准差

三、多项选择题（请将正确答案填在括号内）

1. 如果两个数列的标准差相同，那么（ ）。

A. 两个数列的离散程度也相同

B. 均值大的离散程度就大

C. 均值大的离散程度就小

D. 均值小的离散程度就大

E. 均值小的离散程度就小

2. 与平均数计量单位一致的变异指标有（ ）。

A. 极差　　B. 标准差系数　　C. 四分位数

D. 标准差　　E. 方差

3. 下列变量属于是非变量的有（ ）。

A. 合格与不合格　　B. 及格与不及格　　C. 对与错

D. 是与非　　E. 生与死

4. 计算离散指标的 Excel 函数有（ ）。

A. QUERTILE　　B. MAX　　C. VAR

D. STDEV　　E. QUARTILE

5. 离散指标可以说明（ ）。

A. 分配数列中各变量值的离散趋势　　B. 分配数列中各变量值的平均水平

C. 分配数列中各变量值的离散程度　　D. 总体单位变量值分布的离散特征

E. 分配数列中各变量值的集中趋势

四、判断题（判断正误并在括号内填√或×）

1. 离散指标反映一组数据以平均数为中心左右波动的一般水平。（ ）

2. 离散指标要在平均指标的基础上对现象总体进行分析，否则无意义。（ ）

3. 一组数据的最大值与最小值之差是平均差。（ ）

4. 易受极端值影响的离散指标是极差。（ ）

5. 标准差是各变量值与其平均数离差平方的算术平均数的平方根，又称为方差。（ ）

6. 最基本的数据标准化方法是用变量值与其平均数的离差除以标准差，求得数据的标准化值或标准分数。（ ）

7. VAR 是计算标准差的函数。（ ）

五、思考题

1. 简要说明平均指标与离散指标之间的关系。

2. 简要说明各种离散指标的特点。

六、综合应用题

1. 甲、乙两村各 10 个生产小组的水稻单产（斤）资料如下：

生产小组编号	1	2	3	4	5	6	7	8	9	10
甲 村	700	800	570	640	750	700	820	600	760	670
乙 村	680	660	750	840	480	560	800	500	820	780

要求：

（1）计算甲、乙两村水稻平均单产。

（2）比较甲、乙两村水稻平均单产水平代表性的强弱。

2. 某工厂生产一批零件共 10 万件，为了解这批产品的质量，采取不重复抽样的方法抽取 1 000 件进行检查，其结果如下：

使用寿命（小时）	零件数（件）
700 以下	10
700～800	60
800～900	230
900～1 000	450
1 000～1 200	190
1 200 以上	60
合计	1 000

要求：

（1）计算零件的平均寿命和平均寿命的标准差。

（2）根据质量标准，使用寿命 800 小时及以上者为合格品。计算合格率及合格率的标准差。

3. 某企业三月份甲、乙两车间生产同种产品的日产量情况如下：

车间名称	平均日产量（件）	平均差（件）	标准差（件）
甲	8.4	1.56	1.96
乙	10.5	1.76	2.06

要求：请根据上述资料判断甲、乙两车间三月份哪个车间日产量的波动大。

模块五　抽样估计

任务 1　抽样与抽样分布

一、填空题（请将正确答案填在空白处）

1. 抽样估计是指在__________的基础上，利用样本的实际资料计算__________，并以此对总体相应参数做出具有一定可靠程度估计的一种统计分析方法。

2. 总的来说，抽样方法有__________和__________两大类。

3. 概率抽样的方法主要包括__________、__________、__________、__________和__________五种类型。

4. 当总体服从正态分布时，无论样本容量大小，样本均值 x 均服从__________分布。

5. 在重复抽样和不重复抽样两种情况下，样本比例的方差 σ_p^2 分别为__________和__________。

6. 抽样平均数的平均误差就是抽样平均数的__________，它反映抽样平均数的所有可能值与__________的平均离散程度。重复简单随机抽样的抽样平均数平均误差仅为总体标准差的__________。

7. 抽样平均数的标准差与总体标准差的大小成__________，与样本容量的平方根成__________。如果其他条件不变，抽样平均误差要减小到原来的 1/4，则样本容量应__________。

二、单项选择题（请在下列选项中选择一个正确答案并填在括号内）

1. 将总体各单位按一定顺序排列，然后按相等的距离或间隔抽取样本单位，这种抽样方法称为（　　）。

A. 简单随机抽样　　B. 系统抽样　　C. 主观抽样　　D. 多阶段抽样

2. 最基本也是最简单的抽样组织形式是（　　）。

A. 简单随机抽样　　B. 重复抽样　　C. 非重复抽样　　D. 等概率抽样

3. 使用比例抽样法，各层的抽样单位数为（　　）。

A. $n_i = \frac{N_i}{N} \cdot n$　　B. $n_i = n \cdot \frac{W_i \cdot s_i}{W \cdot s}$　　C. $n_i = n \cdot \frac{W_i \cdot s_i}{\sum W \cdot s}$　　D. $n_i = \frac{N_i}{N} \cdot n$

4. 如果采用重复抽样的方法，从总体 6 个单位中随机抽取 3 个单位构成一个样本，则共可抽取（　　）个样本。

A. 216　　B. 18　　C. 20　　D. 9

5. 概率抽样应遵守的基本原则是（　　）。

A. 随机原则　　B. 准确原则

C. 可靠原则　　D. 经济原则

6. 在（　　）情况下，计算不重复抽样的抽样标准差可以采用重复抽样的方式。

A. 小样本

B. 大样本

C. 抽样单位数占总体单位数的较小比重

D. 抽样单位数占总体单位数的较大比重

7. 简单随机抽样常用于（　　）。

A. 具有某种标志的单位均匀分布于各部分的总体

B. 具有某种标志的单位存在于不同类型的总体

C. 现象的标志变异程度较小的场合

D. 不能形成抽样框的场合

三、多项选择题（请将正确答案填在括号内）

1. 抽样估计相对于其他调查方式而言，其优越性体现在（　　）方面。

A. 经济性　　B. 时效性　　C. 准确性　　D. 灵活性

2. 非概率抽样主要有（　　）。

A. 偶遇抽样　　B. 主观抽样　　C. 定额抽样　　D. 滚雪球抽样

3. 下列对样本均值抽样分布性质的描述正确的有（　　）。

A. 样本均值 $\bar{x}_i$ 对称地分布在总体均值 μ 的周围，大于 μ 的样本均值出现的概率与小于 μ 的样本均值出现的概率相等

B. 同一个总体，抽取的样本数目越多，样本均值就越来越多地集中在总体均值周围，样本均值的方差（或标准差）也越来越大

C. 不管是重复抽样还是不重复抽样，所有样本均值的期望值都等于总体均值

D. 在不重复抽样条件下，样本均值的标准差 $\sigma_{\bar{x}}=\dfrac{\sigma}{\sqrt{n}}$

4. 下列关于总体参数与样本统计量的计算公式正确的有（　　）。

A. 根据分组资料计算的总体均值 $\mu=\dfrac{\sum X\cdot f}{\sum f}$

B. 根据未分组资料计算的样本标准差 $s_x=\sqrt{\dfrac{\sum(x-\bar{x})^2\cdot f}{\sum f-1}}$

C. 比例的样本标准差 $s_p=\sqrt{p\cdot(1-p)}$

D. 根据分组资料计算的总体标准差 $\sigma_x=\sqrt{\dfrac{\sum(X-\mu)^2}{N}}$

四、判断题（判断正误并在括号内填√或×）

1. 抽样估计是一种通过样本认识总体的统计分析方法。（　　）

2. 如果采用不重复抽样的方法，从总体 N 个单位中随机抽取 n 个单位构成一个样本，则共可抽取 N^n 个样本。（　　）

3. 样本均值是总体均值的一个无偏估计量。（　　）

4. 对同一个总体来说，重复抽样样本均值的方差小于不重复抽样样本均值的方差。（　　）

5. 在大样本条件下，无论总体分布是否服从正态分布，样本均值的抽样分布均服从正态分布。（　　）

五、思考题

1. 举例说明在什么情况下适合采用概率抽样，在什么情况下适合采用非概率抽样。

2. 简要分析均值的抽样分布与总体分布的关系。

六、综合应用题

1. 从 $N=100$ 的总体中抽取一个容量为 $n=10$ 的简单随机样本，其指标值如下：

序号 i	1	2	3	4	5	6	7	8	9	10
x_i	5	1	2	0	15	8	6	4	0	6

要求：求样本的均值和方差。

2. 在对某超市的顾客满意度调查中，抽取了样本量为 $n=200$ 人的样本，调查发现有 120 人表示满意。试估计对该超市购物环境持满意态度居民的比例及标准差。

3. 某市物流企业的分布状况如下：

物流企业类型	资产规模（亿元）	企业数（个）
小型	1 以下	62
中型	1~10	35
大型	10 以上	10

要求：

（1）能否对上述物流企业按纯随机抽样方式进行抽样？

（2）采用分层抽样方式从该市物流企业中抽取 20%的企业。

4. 某市为了了解每日平均游客人数情况，收集了该市 10 个旅游景点的日均游客人数，数据如下：

旅游景点编号	游客人数（人）	旅游景点编号	游客人数（人）
1	101	6	153
2	90	7	97
3	200	8	51
4	60	9	302
5	1 000	10	690

要求：采用系统抽样方式从 10 个旅游景点中随机抽取 5 个景点。

5. 要调查全国各地字画销售市场中字画销售商平均每人每天销售字画作品的数量，如果以字画销售商为调查单位，则采用何种抽样方法抽样比较合适？

任务 2　总体均值的区间估计

一、填空题（请将正确答案填在空白处）

1. 抽样误差是指由抽样的________而产生的误差，它是所有可能出现的样本指标与总体指标之间的平均误差。

2. 区间估计是在给定置信水平（$1-\alpha$）的条件下，以________为中心，构建的总体参数的一个估计区间。

3. 当总体标准差 σ 未知时，需要用样本标准差 s 代替，那么描述样本分布较合适的是自由度为________的________分布。

4. 对于正态分布的总体，如果 σ 未知，在大样本情况下，总体均值的置信区间为____________。

二、单项选择题（请在下列选项中选择一个正确答案并填在括号内）

1. （　　）反映了一个总体所有可能样本的估计值与总体真值的平均离差程度。

A. 样本标准差　　B. 总体标准差　　C. 样本方差

2. 对于正态分布总体，如果 σ 已知，在大样本情况下，总体均值的置信区间为（　　）。

A. $\bar{x}\pm z_{\alpha/2}\cdot\frac{\sigma}{\sqrt{n}}$　　B. $\bar{x}\pm t_{\alpha/2}\cdot\frac{s}{\sqrt{n}}$　　C. $\bar{x}\pm t_{\alpha/2}(n-1)\cdot\frac{s}{\sqrt{n}}$　　D. $\bar{x}\pm z_{\alpha/2}\cdot\frac{s}{\sqrt{n}}$

3. 反映样本指标与总体指标之间抽样误差可能范围的指标是（　　）。

A. 抽样极限误差　　B. 抽样平均数的标准差

C. 可靠程度　　D. 精确程度

4. 根据某地区居民家庭收支抽样调查资料，居民月平均工资为 1 800 元，抽样平均误差 6 元，概率为 95. 45%时，据此推算该地区居民的月平均工资（　　）。

A. 小于 1 788 元　　B. 大于 1 812 元

C. 在 1 788~1 812 元之间　　D. 不大于 1 788 元和不小于 1 812 元

5. 在一定抽样平均误差条件下，提高抽样推断的可靠程度，则相应地（　　）。

A. 扩大了误差　　B. 扩大了极限误差

C. 缩小了误差　　D. 缩小了极限误差

三、多项选择题（请将正确答案填在括号内）

1. 下列叙述正确的有（　　）。

A. 当总体服从正态分布且 σ^2 已知，或者总体方差 σ^2 未知，但为大样本时，样本均值 $\bar{x}$ 的抽样分布均为正态分布

B. 总体标准差 σ 通常是未知时，描述样本分布较合适的是自由度为 $n-1$ 的 t 分布

C. 样本为小样本（$n<30$）时，样本均值 $\bar{x}$ 的抽样分布不再满足正态分布，而是服从自由度为 $n-1$ 的 t 分布

D. 若总体标准差 σ 已知或者是大样本，不可认为样本服从正态分布

2. 置信区间的精度与置信度二者之间的相互关系是（　　）。

A. 精度与置信度可以同时提高

B. 精度与置信度可以同时降低

C. 精度提高则置信度降低

D. 置信度提高则精度降低

3. 影响允许误差的因素有（　　）。

A. 总体被研究标志的变异程度　　B. 抽样方法　　C. 样本容量
D. 抽样组织形式　　E. 置信度

四、判断题（判断正误并在括号内填√或×）

1. 一个大样本给出的估计量要比一个小样本给出的估计量更接近总体参数。　（　　）

2. 区间估计是回答可以用多大的概率（即置信水平）保证总体参数落于置信区间内的问题。　（　　）

3. 总体服从正态分布且 σ^2 未知时，样本均值 $\bar{x}$ 的抽样分布均为正态分布，其均值为 μ，方差为 $\frac{\sigma^2}{n}$。　（　　）

4. 在样本为大样本（$n \geqslant 30$）时，t 分布非常接近正态分布，同时为了方便，可以将抽样分布看成正态分布。　（　　）

五、思考题

1. 简述参数估计的方法及其特点。

2. 试述区间估计的基本原理与步骤。

六、综合应用题

1. 为测试学生学习某种手工制作所需要的时间，在某校随机抽取 10 名学生志愿者，记录下这 10 名学生掌握这项操作所需的时间（分钟）为 16，17，15，20，21，26，24，23，24，21。试估计学习该手工制作所用的平均时间，并给出 95%的置信区间。

2. 对某汽车市场的汽车销售价格进行抽样调查。根据以往资料可知总体标准差为 12. 5 万元，经调查 40 辆汽车售价情况，获知平均售价为 20. 3 万元。要求在 95%的置信水平下，估计该汽车市场所有汽车平均售价的置信区间。

3. 某大型社区 2017 年进行的一项抽样调查结果显示，所调查的 30 户有私家车居民家庭平均每户每年汽油消耗量为 1 000 升，根据 2016 年资料可知总体标准差为 55 升。要求在 95%置信水平下，估计该大型社区所有家庭平均每户每年汽油消耗量的置信区间。

4. 某批精密产品共 2 000 件，其长度服从正态分布。已知总体标准差为 1 毫米，从总体中采用不重复抽样方式任意抽取 200 件组成样本，测得它们的平均长度为 12. 5 毫米。要求在 95%置信水平下，估计全部产品平均长度的置信区间。

5. 抽样调查某市 35 位书画家的作品售价情况，结果获知平均每位书画家的作品售价为 1 000 元/平方尺，标准差为 2 000 元/平方尺。要求对该市书画家作品的平均售价建立 90% 的置信区间。

6. 对某市由 100 位营销人员组成的样本进行调查，结果显示平均每人工作年限为 5.5 年，样本标准差为 1.5 年。要求对该市营销人员的平均工作年限建立 95%的置信区间。

7. 对某市字画市场的 15 幅字画作品的售价情况进行调查，发现平均每幅售价 5 500 元，标准差为每幅 1 100 元。要求对该市字画市场字画作品的平均价格建立 99%的置信区间。

8. 对某商场 20 件女性服装的售价情况进行调查，发现平均每件女性服装的售价为 455 元，标准差为 25 元。要求对该商场女性服装销售价格的平均值建立 95%的置信区间。

9. 调查某大学统计学院 25 名学生的上网时间，获知他们平均每人每天上网 2.5 小时，标准差为 0.5 小时。要求对该大学统计学院全部学生的平均每人每天上网时间建立 95%的置信区间。

任务 3　总体比例的区间估计

一、填空题（请将正确答案填在空白处）

1. 在进行总体比例估计时，确定样本容量足够大的一般经验规则是__________和__________。

2. 大样本条件下的样本比例 p，可按__________分布描述其抽样分布。

二、单项选择题（请在下列选项中选择一个正确答案并填在括号内）

1. 总体比例 π 在置信水平为 $1-\alpha$ 时的置信区间是（　　）。

A. $p \pm z_{\alpha/2} \cdot \sqrt{\frac{\pi(1-\pi)}{n}}$　　B. $p \pm z_{\alpha/2} \cdot \sqrt{\frac{p(1-p)}{n}}$

C. $p \pm z_{\alpha/2} \cdot \sqrt{\frac{p(1-p)}{n}} \cdot \sqrt{\frac{N-n}{N-1}}$

2. 总体比例的区间估计适用于（　　）。

A. 属性总体　　B. 变量总体

C. 不作信度要求的区间估计　　D. 不作精度要求的区间估计

三、多项选择题（请将正确答案填在括号内）

1. 满足正态分布的样本比例的特征值是（　　）。

A. 样本比例 p 的均值等于总体比例 π，即 $E(p)=\pi$

B. 样本比例的抽样方差 σ_p^2 等于 $1/(n-1)$ 倍的总体方差，即 $\sigma_p^2=\frac{\pi(1-\pi)}{n-1}$

C. 样本比例的抽样方差 σ_p^2 等于 $1/n$ 倍的总体方差，即 $\sigma_p^2=\frac{\pi(1-\pi)}{n}$

2. 下列表述正确的是（　　）。

A. 总体比例落在置信区间之内

B. 置信区间包含总体比例于自身之内

C. 总体比例包含置信区间

D. 置信区间包含总体比例于自身之内的概率总是小于 100%

四、判断题（判断正误并在括号内填√或×）

1. 在进行总体比例的区间估计时，若总体比例 π 未知，可用样本比例 p 代替，公式为 $p \pm z_{\alpha/2} \cdot \sqrt{\frac{p(1-p)}{n}}$。（　）

2. 当 $n \cdot p \geqslant 5$ 时，样本比例的抽样分布可以近似为正态分布。（　）

五、思考题

1. 简述总体比例区间估计的步骤。

2. 当样本容量满足什么条件时，样本比例的抽样分布近似于正态分布？

六、综合应用题

1. 厂家对所生产的灯泡合格率进行检验，在抽取的 400 个灯泡中，合格的个数为 395 个。试以 95.45%的置信度估计该批灯泡合格率的置信区间。

2. 对 1 000 户居民进行调查，结果显示 46%的居民将环保因素作为新居装潢中的首要因素加以考虑。要求对总体成数建立 99%的置信区间。

3. 根据对 4 716 位城市居民的抽样调查表明，这些居民的娱乐支出比例为 6%。要求以 99% 的概率对总体比例建立置信区间。

4. 某调查公司对一项电视节目收视率的抽样调查表明，在所调查的 1 000 人中，有 550 人对该电视节目表示满意。要求对总体满意率建立 95% 的置信区间。

5. 在某市进行的一项私家车拥有率抽样调查结果显示，在所调查的 1 000 户家庭中，有 20% 的家庭拥有私家车。要求对总体私家车拥有率建立 95% 的置信区间。

6. 对某市由 200 名购房者所组成的样本进行全款购房调查表明，50% 的购房者以全款方式购买房屋。要求建立总体比例为 99% 的置信区间。

7. 对由 1 000 名受访者组成的样本进行笔记本电脑拥有情况的调查表明，笔记本电脑拥有率为 30%。要求建立总体比例为 99%的置信区间。

8. 某大学经济学院在全院 2 500 名学生中采用不重复抽样方式随机抽取了 200 名学生进行网球爱好状况调查。调查结果显示，有 70 名学生爱好网球运动。要求建立总体比例为 99%的置信区间。

任务 4　必要样本量的确定

一、填空题（请将正确答案填在空白处）

1. 样本容量的大小取决于____________________、____________________、________________和________________等因素。

2. σ 反映了总体内部的差异程度，差异程度的大小与样本容量 n 的大小成________比。

二、单项选择题（请在下列选项中选择一个正确答案并填在括号内）

1. 如果要求的估计误差小，则应（　　）样本量。

A. 减少　　B. 增加　　C. 不改变

2. 在不重复抽样下，比例估计时样本容量的计算公式为（　　）。

A. $n=\dfrac{(z_{\alpha/2})^2\cdot\pi(1-\pi)}{E^2}$

B. $n=\dfrac{(z_{\alpha/2})^2\cdot\pi(1-\pi)}{E^2+(z_{\alpha/2})^2\cdot\pi(1-\pi)}$

C. $n=\dfrac{N\cdot(z_{\alpha/2})^2\cdot\pi(1-\pi)}{N\cdot E^2+(z_{\alpha/2})^2\cdot\pi(1-\pi)}$

3. 在抽样推断中，样本容量（　　）。

A. 越小越好　　B. 越大越好

C. 取决于统一的抽样比例　　D. 取决于对抽样推断可靠性的要求

4. 在纯随机重复抽样条件下，假设其他条件不变，为使抽样误差减少一半，则样本容量需增加（　　）。

A. 4 倍　　B. 3 倍　　C. 2 倍　　D. 1 倍

三、多项选择题（请将正确答案填在括号内）

1. 下列结论正确的有（　　）。

A. 置信水平与样本容量成反比

B. 允许误差与样本容量成反比

C. 重复抽样需要比不重复抽样更少的样本量

D. 针对同一个研究对象，采用不同的抽样方法以不同的样本量可以获得相同的样本代表效果

2. 对于概率抽样，我们需要考虑（　　）等因素来确定样本容量的大小。

A. 总体规模

B. 允许误差

C. 总体方差

D. 置信水平以及经费限制

四、判断题（判断正误并在括号内填√或×）

1. 置信水平提高，对应的样本分布统计量 $z_{\alpha/2}$ 的值增大，样本容量 n 也随之增大；反之，样本量减少。（　　）

2. 在简单随机重复抽样时，样本容量的计算公式为 $n=\frac{(z_{\alpha/2})^2 \cdot \sigma^2}{E^2}$。（　　）

五、思考题

简述确定样本容量需要考虑的因素。

六、综合应用题

1. 通过抽样调查方式了解某地区家庭平均月收入，需要确定应抽取的家庭数目。以往调查表明，该地区家庭平均月收入的标准差为 50 元，置信度为 99%，边际误差不超过 10 元，则应抽取多少家庭组成样本？

2. 有人估计，某市 10%的家庭拥有私家车。某调查公司为验证这一数据，希望进行一次调查。假设以 99%的置信水平进行估计，并希望估计值在真值附近 5%的范围内，则应该抽取多少家庭进行调查？

3. 某机构想调查高校教师的兼职情况，2016 年的调查表明 50 人中有 5 人存在兼职情况。如果置信度为 99%，估计值与真值相差不超过 2%，则该次调查应抽取多少人组成样本？

模块六　统计指数

任务 1　编制加权综合指数

一、填空题（请将正确答案填在空白处）

1. 总指数是用于反映多种事物或复杂现象总体________________的相对数。

2. 指数按其反映的项目多少不同分为________指数和总指数。

3. 加权综合指数和__________指数是计算总指数的两种形式。

4. 加权综合指数的编制特点是先__________后__________。

5. 计算质量指标综合指数（如价格指数）时，一般将作为权数的数量指标（如物量）固定在__________期。

6. 计算数量指标综合指数（如物量指数）时，一般将作为权数的质量指标（如价格）固定在__________期。

7. 指数按计算的内容不同可以分为__________和__________。

二、单项选择题（请在下列选项中选择一个正确答案并填在括号内）

1. 下列指数中的数量指标指数是（　　）。

A. 物价指数　　B. 总成本指数

C. 劳动生产率指数　　D. 商品销售量指数

2. 下列指数中的质量指标指数是（　　）。

A. 工业产品物量指数　　B. 单位成本指数

C. 销售额指数　　D. 播种面积指数

3. 以 q 表示数量指标，以 p 表示质量指标，则拉氏数量指数公式为（　　）。

A. $\dfrac{\sum p_1q_1}{\sum p_0q_0}$　　B. $\dfrac{\sum p_1q_1}{\sum p_1q_0}$

C. $\dfrac{\sum p_1q_1}{\sum p_0q_1}$　　D. $\dfrac{\sum p_0q_1}{\sum p_0q_0}$

4. 以 q 表示数量指标，以 p 表示质量指标，则帕氏质量指数公式为（　　）。

A. $\dfrac{\sum p_1q_0}{\sum p_0q_0}$　　B. $\dfrac{\sum p_1q_1}{\sum p_1q_0}$

C. $\frac{\sum p_1q_1}{\sum p_0q_1}$　　D. $\frac{\sum p_1q_1}{\sum p_0q_0}$

5. 反映商品销售量综合变动的指数属于（　　）。

A. 个体指数　B. 帕氏指数　C. 数量指数　D. 质量指数

6. 在帕氏价格指数的计算中，q_1 不变，p_0 和 p_1 同比例变化，则价格指数（　　）。

A. 上升　B. 下降　C. 不变　D. 无法确定

7. 有三种股票，报告期收盘价分别是 10 元、20 元和 30 元，基期收盘价分别是 9 元、21 元和 28 元。如果三种股票报告期的发行量分别是 732 955 万、2 167 361 万和 44 402 万，则用相对法计算这三种股票的股价指数为（　　）。

A. 104.50%　B. 103.45%　C. 103.97%　D. 97.48%

三、多项选择题（请将正确答案填在括号内）

1. 指数可分为（　　）。

A. 个体指数和总指数　B. 数量指数和质量指数

C. 综合指数和平均指数　D. 加权指数和相对指数

E. 拉氏指数和帕氏指数

2. 下列表述正确的有（　　）。

A. 报告期权数具有较强的现实性　B. 基期权数具有较强的现实性

C. 综合指数具有先汇总后对比的特点　D. 综合指数具有先比较后平均的特点

E. 权数没有具体的所属时期

3. 某种商品基期售出 500 吨，报告期售出 600 吨，指数为 120%，则该指数是（　　）。

A. 数量指标指数　B. 综合指数　C. 总指数

D. 销售量指数　E. 个体指数

4. 综合指数的特点包括（　　）。

A. 必须先计算个体指数　B. 借助同度量因素进行综合

C. 必须以全面资料为基础　D. 同度量因素必须固定在同一时期

E. 计算过程是先综合后对比

四、判断题（判断正误并在括号内填√或×）

1. 拉氏价格指数的公式为 $I_p=\frac{\sum p_1q_1}{\sum p_0q_1}$。（　　）

2. 帕氏价格指数的公式为 $I_p=\frac{\sum p_1q_0}{\sum p_0q_0}$。（　　）

3. 加权综合指数都把作为权数的 q 固定在报告期。（　　）

4. 股票指数即股票价格指数，是由证券交易所或金融服务机构编制，表明股票价格总体变动情况的指标。（　　）

五、思考题

1. 简述指数的主要分类。

2. 简述加权综合指数权数的确定方法。

3. 什么是综合指数？简述其编制原理。

六、综合应用题

1. 某百货公司三种商品的销售量和销售价格统计数据如下：

商品名称	计量单位	销售量		单价(万元)	
		2016 年	2017 年	2016 年	2017 年
甲	件	150	130	35.5	43.7
乙	盒	220	200	15.4	17.5
丙	个	700	900	9.0	8.0

要求：

（1）计算三种商品的销售额总量指数。

（2）计算三种商品的价格综合指数。

（3）计算三种商品的销售量综合指数。

2. 现有三种商品销售量与价格资料如下：

商品	单位	销售量		单价（元）	
		q_0	q_1	p_0	p_1
甲	千克	120	1 000	9	8
乙	台	500	800	40	30
丙	件	2 000	2 200	8	10

要求：

（1）计算三种商品的销售量综合指数。

（2）计算三种商品的价格综合指数。

3. 假定某市上市的三种股票资料如下：

股票名称	基日		计算日	
	股价(元)	成交量(万股)	股价(元)	成交量(万股)
A	8	50	12	90
B	10	120	13	60
C	15	60	18	80

要求：分别按拉氏公式和帕氏公式计算股价指数。

任务 2　编制加权平均指数

一、填空题（请将正确答案填在空白处）

1. 加权平均指数是对个体指数的________，加权平均指数法的计算特点是____________________。

2. 综合指数法所使用的权数是某一时期的物量或价格的实际值，平均指数法使用的权数必须是__________。

3. 加权平均指数先计算各变量的__________，再以基期或报告期的__________对个体指数进行加权平均，从而得到各变量的综合变动指数。

4. 我国采用加权平均指数法计算价格指数是以商品销售额为权数对个体价格指数进行加权平均。权数既可以是____________，也可以是____________。

二、单项选择题（请在下列选项中选择一个正确答案并填在括号内）

1. 下列算术平均指数公式正确的是（　　）。

A. $\dfrac{\sum \frac{q_1}{q_0} p_1 q_1}{\sum p_0 q_0}$　　B. $\dfrac{\sum \frac{p_1}{p_0} p_1 q_1}{\sum p_1 q_1}$

C. $\dfrac{\sum \frac{q_1}{q_0} p_0 q_0}{\sum p_0 q_0}$　　D. $\dfrac{\sum \frac{p_1}{p_0} p_1 q_1}{\sum p_0 q_0}$

2. 下列调和平均指数公式正确的是（　　）。

A. $\dfrac{\sum p_1 q_0}{\sum \frac{1}{p_1/p_0} p_0 q_0}$　　B. $\dfrac{\sum p_1 q_1}{\sum \frac{1}{p_1/p_0} p_1 q_1}$

C. $\dfrac{\sum p_1 q_1}{\sum \frac{1}{q_1/q_0} p_0 q_1}$　　D. $\dfrac{\sum p_1 q_1}{\sum \frac{1}{q_1/q_0} p_0 q_0}$

3. 我国居民消费价格指数是采用（　　）计算的。

A. 固定权数的加权平均指数　　B. 加权综合指数

C. 物量指数　　D. 数量指数

三、多项选择题（请将正确答案填在括号内）

1. 我国居民消费价格指数的计算程序包括（　　）。

A. 审核录入价格　　B. 计算月平均价格

C. 计算规格品价格指数　　D. 计算基本分类价格指数

E. 计算类指数

2. 加权综合指数法和加权平均指数法的区别主要表现在（　　）。

A. 计算条件不同　　B. 计算程序不同

C. 计算结果　　D. 权数不同

E. 一种必须使用全面资料计算，另一种必须使用非全面资料计算

3. 加权平均指数（　　）。

A. 必须以个体指数为基础计算　　B. 借助同度量因素进行平均

C. 无法编制总指数　　D. 权数可以是 p_0q、p_1q_1，也可以用固定权数

E. 可以用全面资料，也可以用非全面资料

四、判断题（判断正误并在括号内填√或×）

1. 新商品不断出现，老商品会被淘汰，期望获得报告期与基期所有商品价格与物量的对应数据是不可能的，这时反映价格总水平的变动只有采用加权平均指数法。（　　）

2. 加权平均指数法是先借助于权数对报告期和基期的物量或价格进行综合，然后用报告期的综合量除以基期的综合量。（　　）

3. 以基期总量为权数计算的指数采用的是加权算术平均数的计算形式，因此，也称加

权算术平均指数，其计算公式为 $I_p=\dfrac{\sum p_1q_1}{\sum \dfrac{1}{p_1/p_0}p_1q_1}$。（　　）

五、思考题

1. 从计算条件方面简述加权平均指数与加权综合指数的区别。

2. 简述加权平均指数的计算特点。

六、综合应用题

1. 现有三种商品的销售量及基期销售额资料如下：

商品	单位	销售量		基期销售额 q_0p_0（万元）
		q_0	q_1	
甲	千克	10	100	1 000
乙	台	200	500	2 000
丙	件	1 000	1 200	1 500
合计	—	—		4 500

要求：根据上表资料计算三种商品的销售量加权算术平均指数。

2. 现有三种商品的价格及基期销售额资料如下：

商品	单位	商品价格		报告期销售额 q_1p_1（万元）
		P_0	p_1	
甲	千克	8	9	3 500
乙	台	20	15	2 200
丙	件	8	10	1 660
合计	—	—		7 360

要求：根据上表资料计算三种商品的价格加权算术平均指数。

3. 现有某宣纸厂三种产品的有关数据如下：

商品种类	总生产费用(万元)		报告期产量比基期增长(%)
	基期	报告期	
棉料	30.0	33.8	13.5
净皮	45.4	53.6	14.0
熟宣	23.6	28.9	11.2

要求：

(1) 计算三种产品的生产费用总量指数。

(2) 计算以基期生产费用为权数的加权产量指数。

（3）计算以报告期生产费用为权数的单位成本总指数。

（4）根据调查，某地甲、乙、丙、丁四种代表商品的个体价格指数分别为110%、95%、100%和105%，四种代表商品的固定权数分别为10%、30%、40%和20%。试计算这四种商品的价格总指数。

任务3　影响因素分析

一、填空题（请将正确答案填在空白处）

1. 指数体系是指由__________以上相互联系的指数构成的整体。

2. 指数体系的作用主要体现在两个方面：一是_________________________，二是_________________________。

3. 因素分析就是分析两个或两个以上影响因素对该变量影响的____________和____________的方法。

4. 因素分析的类型根据所属指标类型的不同可分为总量指标因素分析和____________因素分析。

二、单项选择题（请在下列选项中选择一个正确答案并填在括号内）

1. 某服装厂某年产量比前一年降低了5%，单位成本比前一年增加了5%，则其总成本比前一年（　　）。

A. 增加了25%　　B. 下降了0.25%　　C. 不变　　D. 增加了0.25%

2. 在对现实经济变量进行数量变动分析时，有时不仅需要编制独立的物量指数或价格指数，还需根据现实生活中各变量之间的经济关系建立指数体系，分析各影响因素对被影响因素的影响程度，这种分析是（ ）。

A. 回归分析法 B. 加权综合指数法 C. 指数因素分析法 D. 加权平均指数法

3. 某水泥厂 2017 年产量比 2016 年增长了 5.6%，单位产品原材料消耗增长 2.5%，单位原材料价格增长 1.3%，则该厂 2017 年原材料支出额比 2016 年（ ）。

A. 增长了 18.2% B. 降低了 18.2% C. 增长了 9.65% D. 降低了 9.65%

4. 若商品销售量指数为 103%，价格指数为 107%，则商品销售额指数为（ ）。

A. 110.21% B. 121% C. 114% D. 10.21%

5. 某工厂总生产费用当年比上年增长了 50%，产量增长了 25%，则单位成本提高了（ ）。

A. 25% B. 2% C. 75% D. 20%

6. 某企业 2017 年产值是 2016 年的 110%，同期价格水平提高了 3%，则该企业生产量指数为（ ）。

A. 107% B. 113.3% C. 30% D. 106.8%

三、多项选择题（请将正确答案填在括号内）

1. 因素分析可以分为（ ）。

A. 两因素分析和多因素分析

B. 数量因素分析和质量因素分析

C. 简单现象因素分析和复杂现象因素分析

D. 加权因素分析和相对因素分析

E. 总量指标因素分析和平均指标因素分析

2. 下列表述正确的是（ ）。

A. 指数体系反映质量指标与数量指标之间的相对数变动关系

B. 指数体系反映质量指标与数量指标之间的绝对数变动关系

C. 指数体系分析中包含假定成分

D. 指数体系分析中不包含假定成分

E. 指数体系适用于加权平均指数

四、判断题（判断正误并在括号内填√或×）

1. 因素分析中各指数的计算采用的是加权平均指数法。（ ）

2. 某公司生产某商品的价格当年比上年提高了 5%，生产数量增加了 2%，则销售总额增加了 2.5%。（ ）

3. 如果一个总量指标指数等于其两个或两个以上影响因素指数的乘积时，就可以利用指数法对该总量指标进行因素影响分析。（ ）

4. 平均指标因素分析的原理及步骤与总量指标因素分析相同，区别是平均指标指数体系中的指数是两个平均数对比的结果，而总量指标指数体系中的指数是两个总量对比的结果。（ ）

五、思考题

1. 简述指数体系的含义并举例说明。

2. 简述因素分析方法。

六、综合应用题

1. 某百货公司三种商品的销售量和销售价格统计数据如下：

商品	计量单位	销售量		单价(万元)	
		基期	报告期	基期	报告期
甲	辆	150	180	60.0	70.2
乙	件	6 000	6 500	2.3	2.7
丙	台	400	440	1.5	1.1

要求：试对该百货公司商品销售额的影响因素进行分析。

2. 甲、乙、丙三种不同类型的产品，生产时单位产品原材料消耗量各不相同，具体数据如下：

产品	单位	产量		单位产品原材料消耗量		单位原材料价格(元)	
		基期	报告期	基期	报告期	基期	报告期
甲	吨	150	220	2.0	1.8	9.8	9.8
乙	块	210	280	10.0	9.5	5.1	4.1
丙	件	450	530	4.2	5.0	27.0	24.3

要求：试对这三种不同原材料消耗总额进行因素分析。

3. 已知某企业三种产品的单位成本和销售量资料如下：

商品	单位	基期		报告期	
		成本(元)	销售量	成本(元)	销售量
甲	米	10	2 500	10.5	3 000
乙	件	1.5	4 200	1.3	2 200
丙	千克	0.8	5 000	0.6	5 500

要求：计算产品销售额总指数、成本综合指数和销售量综合指数，并从相对数和绝对数两方面说明三者之间的关系。

4. 某企业职工人数和月平均工资如下：

职工类别	职工人数(人)		月平均工资(元)	
	基期	报告期	基期	报告期
技术职工	500	800	7 500	8 000
辅助职工	500	200	2 400	2 500

要求：计算总平均工资可变构成指数、固定构成指数及结构影响指数，并分析三者之间的关系。

5. 如果用同样多的人民币，当年比上年多购买 6%的商品，则物价是怎样变动的？物价变动幅度是多少？

6. 如果购买等量的商品，当年比上年多支付 30%，则物价是怎样变动的？物价变动幅度是多少？

模块七　相关与回归分析

任务 1　相关关系及相关程度的确定

一、填空题（请将正确答案填在空白处）

1. 相关关系按变量之间的相关形态可分为__________和__________两种，按相关程度可分为__________、__________和__________三种。

2. 如果变量 x 和变量 y 的数值变化方向一致，即同增同减，表明二者是________相关；如果变量 x 和变量 y 的数值变化方向相反，表明二者是________相关。

3. 一般来说，当相关系数的绝对值为 1 时，相关关系就转化为________关系。

4. 相关系数 r 的符号反映相关关系的________，其绝对值的大小反映两个变量线性相关的________。

5. 相关系数 $r=0$，表明两个变量__________________。

6. 将具有相关关系的两个变量的数值一一对应排列于表格中，这种表称为________；将现象之间的相关关系绘制成图，这种图称为____________。

7. 统计上把变量之间客观存在的、不确定的数量依存关系称为__________。

8. 线性相关按相关的方向不同可分为________和________两种。

9. 反映变量之间线性相关关系的方向和密切程度的统计分析指标是____________。

10. 相关系数 $r>0$，表明变量之间相关的方向是______；相关系数 $r<0$，表明变量之间相关的方向是________。

11. 相关系数越接近______，表明相关程度越弱；越接近______，表明正相关程度越强；越接近______，表明负相关程度越强。

二、单项选择题（请在下列选项中选择一个正确答案并填在括号内）

1. 两个变量的相关程度为显著线性相关时，相关系数 $|r|$（　　）。

A. 在 0.3 ~ 0.5　　B. 在 0.5 ~ 0.8　　C. 高于 0.8　　D. 高于 0.5

2. 两个变量的相关程度为高度线性相关时，相关系数 $|r|$（　　）。

A. 在 0.3 ~ 0.5　　B. 在 0.5 ~ 0.8　　C. 高于 0.8　　D. 高于 0.5

3. 两个现象完全线性相关时，相关系数（　　）。

A. $r=1$　　B. $r=-1$　　C. $r=0$　　D. $|r|=1$

4. 相关系数的取值范围是（　　）。

A. $0 \leq r \leq 1$　　B. $-1 \leq r \leq 0$

C. $-1 \leq r \leq 1$，且 $r \neq 0$　　D. $-1 \leq r \leq 1$

5. 下列有关函数关系和相关关系的表述正确的是（　　）。

A. 函数关系就是相关关系　　B. 函数关系是相关关系的一种特殊形式

C. 相关关系是函数关系的一种特殊形式　D. 函数关系和相关关系没有联系

6. 变量 x 与 y 的相关系数和变量 y 与 x 的相关系数（　　）。

A. 相同　　B. 互为正负　　C. 互为倒数　　D. 相加等于 1

7. 负相关是指（　　）。

A. 甲变量变动，乙变量不变　　B. 甲变量增加，乙变量随之增加

C. 甲变量变动，乙变量随之变动　　D. 甲变量增加，乙变量随之减少

8. 相关系数为零时，表明两个变量之间（　　）。

A. 无相关关系　　B. 无线性相关关系

C. 无曲线相关关系　　D. 中度相关关系

9. 相关系数的绝对值为 1 时，表明两个变量间存在着（　　）。

A. 正相关关系　　B. 负相关关系

C. 完全线性相关关系　　D. 不完全线性相关关系

10. 两个变量之间的线性相关关系越不密切，相关系数 r 值就越接近（　　）。

A. −1　　B. +1　　C. 0　　D. −1 或+1

11. 相关系数的值越接近−1，表明两个变量之间（　　）。

A. 正线性相关关系越弱　　B. 负线性相关关系越强

C. 线性相关关系越弱　　D. 线性相关关系越强

12. 如果商品的价格不变，则商品销售额与销售量之间的关系属于（　　）。

A. 相关关系　　B. 函数关系　　C. 依存关系　　D. 回归关系

13. 如果从散点图上看，变量之间的关系近似地表现为一条直线，则两个变量之间的关系是（　　）。

A. 正线性相关关系　　B. 负线性相关关系

C. 线性相关关系　　D. 非线性相关关系

14. 相关系数为−0.81 时，表明两个变量之间的关系属于（　　）。

A. 高度正相关关系　　B. 高度负相关关系

C. 中度正相关关系　　D. 中度负相关关系

三、多项选择题（请将正确答案填在括号内）

1. 根据相关的形式不同，相关关系可分为（　　）。

A. 线性相关　　B. 完全相关　　C. 不完全相关

D. 不相关　　E. 非线性相关

2. 判断两个变量之间是否相关及相关关系密切程度的方法有（　　）。

A. 图示法　　B. 表格法　　C. 方程式　　D. 相关系数

3. 下列各组变量之间属于相关关系的有（　　）。

A. 家庭收入与支出
B. 人口数与消费品的需求量
C. 人的身高与体重
D. 播种面积与粮食产量
E. 我国农村劳动力人数与粮食生产总量

4. 相关关系的主要特征有（　　）。

A. 现象间确实存在着数量上的依存关系
B. 现象间的数量依存关系数值是不确定的
C. 现象间的数量依存关系数值是确定的
D. 相关关系不同于函数关系
E. 相关关系是函数关系的一种表现形式

5. 某商品销售量的变化与其价格的升降存在依存关系，随着价格的下降，销售量逐渐上升，这种关系是（　　）。

A. 相关关系　　B. 函数关系　　C. 正相关关系　　D. 负相关关系

6. 下列属于正相关的有（　　）。

A. 一个变量的值增加，另一个变量的值也随之增加
B. 一个变量的值增加，另一个变量的值随之减少
C. 一个变量的值减少，另一个变量的值也随之减少
D. 一个变量的值减少，另一个变量的值增加
E. 一个变量的值增加或减少，另一个变量的值不变

7. 相关分析的意义在于（　　）。

A. 研究两个变量之间是否存在着相关关系
B. 测定相关关系的密切程度
C. 判断相关关系的形式
D. 配合相关关系的方程式
E. 进行统计预测或推断

四、判断题（判断正误并在括号内填√或×）

1. 现实经济生活中不存在函数关系，只存在相关关系。（　　）
2. 散点图的特点是能直观地反映出变量之间相关的方向。（　　）
3. 只有相关系数才能准确地反映出变量之间相关的程度。（　　）
4. 如果相关系数 r 等于 0，表示变量之间没有相关关系。（　　）
5. 变量 x 与 y 的相关系数和变量 y 与 x 的相关系数计算结果是一样的。（　　）
6. 相关系数只用于说明变量之间线性相关关系的强弱，不能说明变量之间非线性相关关系的强弱。（　　）
7. 如果在变量 x 的值增加时变量 y 的值也随之增加，说明变量 x 和变量 y 之间存在正相关关系。（　　）
8. 相关系数的取值在 0.8~1 时，说明变量之间存在显著的正线性相关关系。（　　）

五、思考题

1. 什么是相关关系？说明相关关系与函数关系的区别。

2. 怎样判断现象之间的相关形态及相关程度？

3. 简述相关系数不同取值所表达的意义。

六、综合应用题

1. 某零售企业 10 家分店的月营业额和利润率资料如下：

分店序号	营业额(万元)	利润率(%)
1	54	11.5
2	45	9.5
3	73	16.2
4	28	5.8
5	30	6.5
6	65	15.5
7	47	10.1
8	35	6.7
9	68	12.4
10	80	18.3

要求：

(1) 绘制散点图，并判断营业额与利润率之间的相关形态。

(2) 计算营业额与利润率之间的相关系数，判断两者之间相关的程度。

2. 为研究收入与受教育程度之间的关系，现抽取一个包括20人的随机样本，得到资料如下：

编号	受教育程度(年)	平均年收入(元)	编号	受教育程度(年)	平均年收入(元)
1	2	5 012	11	12	21 690
2	4	9 680	12	13	24 750
3	8	28 432	13	14	30 100
4	8	8 774	14	14	24 798
5	8	21 003	15	15	28 532
6	10	26 565	16	15	26 000
7	12	25 428	17	16	38 908
8	12	23 113	18	16	22 050
9	12	22 500	19	17	33 060
10	12	19 456	20	21	48 276

要求：

(1) 绘制平均年收入与受教育程度之间的散点图。

（2）计算平均年收入与受教育程度之间的相关系数。

3. 某公司对其销售代表进行了一次资质测试，试图了解销售代表的资质与其销售额之间的关系。10 名测试者的测试得分及其月销售额数据如下：

月销售额（万元）	30	35	86	82	55	49	45	37	40	56
测试得分	60	65	90	75	80	80	65	60	65	75

要求：

（1）绘制散点图，并判断测试得分与其月销售额之间是否相关。如果相关，是何种相关形态？

（2）计算测试得分与月销售额之间的相关系数，并判断两者之间的相关程度。

任务 2　一元线性回归分析

一、填空题（请将正确答案填在空白处）

1. 回归分析所要解决的问题，简单地说就是________、________和________。

2. 估计回归方程的参数时，统计上常用的方法是________________。

3. 使因变量的所有实际观察值 y 与估计值 $\hat{y}$ 之差的离差平方和达到________来估计 a 和 b 的方法称为最小平方法。

4. 一元线性回归方程的一般形式为__________。式中，待定系数________为直线的截距；系数________为直线的斜率，即回归系数。

5. 在一元线性回归中，当回归系数大于零时，相关系数______零；当回归系数小于零时，相关系数______零。

6. R^2 越接近于________，表明回归平方和占总平方和的比例越大，即回归直线拟合程度越好。

7. 检验变量 x 和 y 之间的线性关系是否显著的检验称为________。

8. 检验自变量 x 对因变量 y 的影响是否显著的检验称为________。

9. 给出 x 的一个特定值 x_0，求出 y 的一个估计值 $\hat{y}_0$ 的预测方法称为________。

二、单项选择题（请在下列选项中选择一个正确答案并填在括号内）

1. 如果 y 对 x 的回归方程为 $y=1.2+0.4x$，则可以肯定相关系数 r 不等于（　　）。

A. 0.3　　B. 0.5　　C. 0.8　　D. 1

2. 如果回归系数 $b>0$，表明回归直线是上升的，此时相关系数 r 的值（　　）。

A. 一定大于 0　　B. 一定小于 0　　C. 等于 0　　D. 无法判断

3. 根据回归方程 $\hat{y}=a+bx$，（　　）。

A. 只能由变量 x 去预测变量 y

B. 只能由变量 y 去预测变量 x

C. 可以由变量 x 去预测变量 y，也可以由变量 y 去预测变量 x

D. 能否相互预测，取决于变量 x 和变量 y 之间的因果关系

4. 一元线性回归方程中，回归系数 b 的实际意义是（　　）。

A. 当 x 变动 1 个单位时，y 的平均变动量

B. 当 x 变动 1 个单位时，y 的变动总量

C. 当 y 变动 1 个单位时，x 的平均变动量

D. 当 y 变动 1 个单位时，x 的变动总量

5. 在回归分析中，被预测或被解释的变量称为（　　）。

A. 自变量　　B. 因变量　　C. 随机变量　　D. 非随机变量

6. 使用最小二乘法拟合一元线性回归方程是使（　　）。

A. $\sum(y-\hat{y})^2=$最小值　　B. $\sum(y-\hat{y})=$最小值

C. $\sum(y-\bar{y})^2$=最小值　　D. $\sum(y-\bar{y})$=最小值

7. 如果某地居民消费支出 y 对居民可支配收入 x 的回归方程为 $\hat{y}=4.6+3.7x$，则意味着居民可支配收入每增加一个单位，居民消费支出（　　）。

A. 增加 4.6 个单位　　B. 平均增加 4.6 个单位

C. 增加 3.7 个单位　　D. 平均增加 3.7 个单位

8. 在回归分析中，F 检验主要用来检验（　　）。

A. 相关系数的显著性　　B. 回归系数的显著性

C. 线性关系的显著性　　D. 估计标准误差的显著性

9. 在回归分析中，t 检验主要用来检验（　　）的显著性。

A. 相关系数　　B. 回归系数　　C. 线性关系　　D. 估计标准误差

10. 各实际观察值 y 与回归值 $\hat{y}$ 的离差平方和称为（　　）。

A. 总变差平方和　　B. 残差平方和　　C. 回归平方和　　D. 估计标准误差

11. 回归值 $\hat{y}$ 与实际观察值的平均数 $\bar{y}$ 的离差平方和称为（　　）。

A. 总变差平方　　B. 残差平方和　　C. 回归平方和　　D. 估计标准误差

12. 在回归估计中，自变量的取值 x_0 越远离其平均值 $\bar{x}$，则求得的 y 的预测区间（　　）。

A. 越宽　　B. 越窄　　C. 越准确　　D. 越接近实际值

三、多项选择题（请将正确答案填在括号内）

1. 使用最小二乘法配合直线趋势方程时，实际值 y 与趋势值 $\hat{y}$ 之间的关系满足（　　）。

A. $\sum(y-\hat{y})=0$　　B. $\sum(y-\hat{y})$=最小值

C. $\sum(y-\hat{y})^2=0$　　D. $\sum(y-\hat{y})^2$=最小值

2. 在回归分析中要建立有意义的直线回归方程，必须满足的条件是（　　）。

A. 现象间存在着显著的线性相关关系　　B. 相关系数必须等于 1

C. 回归系数必须大于零　　D. 相关数列的项数必须足够多

E. 对相关数列的项数多少并没有要求

3. 对于简单线性回归方程的回归系数 b，下列说法正确的是（　　）。

A. b 是回归直线的斜率　　B. b 的绝对值介于 0~1

C. b 接近于零表明自变量对因变量的影响不大

D. b 与 r 有相同的符号　　E. b 一般通过最小平方法求出

4. 回归分析可用于（　　）。

A. 精确地解释变量之间的数量依存关系　　B. 根据因变量推算自变量

C. 推算时间数列中缺失的数据　　D. 根据给定的自变量预测因变量

E. 用于解释变量之间关系的密切程度

5. 说明回归方程拟合优度的统计量的有（　　）。

A. 相关系数　　B. 回归系数

C. 判定系数　　D. 估计标准误差

四、判断题（判断正误并在括号内填√或×）

1. 在回归分析中，两个变量是对等的，不需要区分自变量和因变量。（　）

2. 估计标准误差越大，直线回归方程的精确度越低。（　）

3. 在一元线性回归分析中，回归系数的绝对值小于1。（　）

4. 一元线性回归方程的回归系数大于零，表明两个变量正相关，回归系数小于零，表明两个变量负相关。（　）

5. 在 y 对 x 的线性回归方程中，只能由 x 推算 y，不能由 y 推算 x。（　）

6. 预测是指通过控制自变量 x 的取值相应地得到因变量 y 的值。（　）

7. 回归系数可以度量两个变量之间关系的强弱程度。（　）

8. 相关系数 r 与回归系数 b 的正负号相同。（　）

五、思考题

1. 什么是回归分析？相关分析和回归分析有何区别与联系？

2. 解释一元线性回归方程 $\hat{y}=a+bx$ 中参数 a 和 b 的意义，并说明回归系数 b 和相关系数 r 的联系。

3. 一元线性回归方程检验的主要内容是什么？

六、综合应用题

1. 某企业 2010—2017 年的销售收入资料如下：

年份	2010	2011	2012	2013	2014	2015	2016	2017
销售收入(百万元)	480	490	510	535	580	647	720	810

要求：试利用最小二乘法建立一元线性回归方程，计算各年度的趋势值，并预测 2018 年的销售收入。

2. 为研究收入与受教育程度之间的关系，现抽取一个包括 20 个人的随机样本，得到资料如下：

编号	受教育程度	平均年收入(元)	编号	受教育程度	平均年收入(元)
1	2	5 012	11	12	21 690
2	4	9 680	12	13	24 750
3	8	28 432	13	14	30 100
4	8	8 774	14	14	24 798
5	8	21 003	15	15	28 532
6	10	26 565	16	15	26 000
7	12	25 428	17	16	38 908
8	12	23 113	18	16	22 050
9	12	22 500	19	17	33 060
10	12	19 456	20	21	48 276

要求：

（1）建立平均年收入与受教育年限之间的线性回归方程。

（2）指出受教育年限为 16 年时平均年收入是多少。

（3）在显著水平为 5%时，对回归参数进行统计检验。

3. 银行储蓄存款余额和存款户数有线性相关关系，根据这种关系以及前几年的历史资料建立以下回归方程：$\hat{y}=2\ 652\ 000+1\ 200x$，$x$ 代表存款户数（户），y 代表存款余额（元）。

问：当x为1 000户时的存款余额是多少？1 200的经济意义是什么？

4. 某企业所属10家公司的产品销售资料如下：

企业编号	产品销售额(万元)	销售利润(万元)
1	140	8.1
2	190	12.5
3	360	18.0
4	390	22.0
5	450	26.5
6	620	40.0
7	930	64.0
8	970	69.0
9	1 050	72.2
10	1 230	77.6

要求：

（1）利用散点图和相关系数描述该企业所属10家公司的产品销售额与销售利润之间的关系形态和关系程度。

（2）建立两者之间的一元线性回归方程，指出回归系数所表达的经济意义。

（3）当产品销售额为 1 500 万元时，预测销售利润额。

5. 10 位同学统计学的学习时间和学习成绩资料如下：

学习时间 x（小时）	学习成绩 y（分）
4	40
6	60
7	62
7	82
7	55
8	65
8	70
10	80
10	78
12	90

要求：

（1）建立一元线性回归方程。

（2）计算估计标准差。

（3）说明在学习成绩的变化中有多少可由学习时间来解释。

（4）计算学习时间与学习成绩之间的相关系数。

6. 某地区 2013—2017 年人均年收入和商品零售额资料如下：

年份	人均年收入 x(元)	商品零销额 y(万元)
2013	16 500	370
2014	17 800	390
2015	19 000	460
2016	21 200	480
2017	22 000	560

要求：

（1）以人均年收入为自变量，商品零售额为因变量，建立一元线性回归方程。

（2）若人均年收入达到 24 000 元，利用回归方程预测该地区的商品零售额。

模块八 时间序列分析与预测

任务1 时间序列的描述

一、填空题（请将正确答案填在空白处）

1. 时间序列由两个基本要素构成，即________和________。

2. 时间序列按其统计指标的表现形式不同分为________、________和________三大类，其中________是基础序列。

3. 时间序列按包含的影响因素不同可以分为两大类型，即________和________。

4. 影响时间序列变动的主要因素有________、________、________和________。

5. 描述时间序列的图形是________。

6. 时间序列的描述性指标有________和________两类。

7. 增长量因对比的基期不同分为________增长量和________增长量，而且________增长量之和等于相应的________增长量。

8. 发展速度因对比的基期不同分为________发展速度和________发展速度，且________发展速度等于相应的________发展速度的连乘积。

9. 某公司产值在300万元的基础上，计划在20年内翻两番，则几何法平均增长速度的算式为________________。

二、单项选择题（请在下列选项中选择一个正确答案并填在括号内）

1. 一个时间序列的构成要素包括（　　）。

A. 分组变量　　B. 次数　　C. 指标所属的时期　　D. 现象的观察值

2. 长期趋势是由（　　）因素作用形成的。

A. 季节性　　B. 稳定性　　C. 周期波动　　D. 偶然

3. 季节变动的周期长度是（　　）。

A. 1个月　　B. 3个月　　C. 6个月　　D. 12个月

4. 下列属于时点序列的是（　　）。

A. 某地历年工业增加值　　B. 某地历年工业劳动生产率

C. 某地历年工业企业职工人数　　D. 某地历年工业产品进出口总额

5. 已知某企业2013—2017年职工月工资水平分别为1 200元、1 270元、1 335元、1 480元和1 650元，则该企业月工资水平的年均增长率是（　　）。

A. 137.5%　　B. 37.5%　　C. 8.29%　　D. 2.75%

6. 下列表述不正确的是（　　）。

A. 各环比发展速度的连乘积等于最末期的定基发展速度

B. 各环比增长速度的连乘积等于最末期的定基增长速度

C. 环比增长速度=环比发展速度-1

D. 定基发展速度=环比增长速度+1

7. 某公司 2017 年 6 月、7 月、8 月、9 月月末人数分别为 244 人、266 人、278 人和 280 人，则该公司第二季度平均职工人数是（　　）人。

A. 267　　B. 275　　C. 269　　D. 272

8. 已知某企业 1 月、2 月、3 月、4 月的平均职工人数分别为 190 人、195 人、193 人和 201 人，则该企业第一季度的平均职工人数的计算方法为（　　）。

A. $\frac{(190+195+193+201)}{4}$　　B. $\frac{190+195+193}{3}$

C. $\frac{(190/2)+195+193+(201/2)}{4-1}$　　D. $\frac{(190/2)+195+193+(201/2)}{4}$

9. 以 2000 年为基期，2017 年为报告期，用几何法计算平均发展速度应开（　　）。

A. 17 次方　　B. 18 次方　　C. 2 次方　　D. 7 次方

10. 已知某地 2008—2012 年年均增长速度为 10%，2013—2017 年年均增长速度为 8%，则这 10 年间的平均增长速度为（　　）。

A. $\sqrt[10]{0.1\times0.08}$　　B. $\sqrt[10]{1.1\times08}-1$

C. $\sqrt[10]{(0.1)^5\times(0.08)^5}$　　D. $\sqrt[10]{(1.1)^5\times(1.08)^5}-1$

11. 增长一个百分点所增加的绝对量称为（　　）。

A. 环比增长量　　B. 平均增长量　　C. 环比增长率　　D. 增长 1%绝对值

三、多项选择题（请将正确答案填在括号内）

1. 编制时间序列的原则是（　　）。

A. 时间长短要统一　　B. 总体范围要一致

C. 指标的经济内容要统一　　D. 指标的计算方法要一致

E. 指标的计算价格和计量单位要统一

2. 时期序列的特点是（　　）。

A. 数列中的各项指标数值可以相加

B. 数列中的各项指标数值不能相加

C. 数列中的每一个指标数值大小与计算间隔长短存在直接关系

D. 数列中的每一个指标数值大小与计算间隔长短不存在直接关系

E. 数列中的每一个指标数值是间隔一定时间登记一次

3. 下列属于时点序列的有（　　）。

A. 某药店各月药品库存数　　B. 某药店各月实现的销售额

C. 某企业某年各月月末人数　　D. 某企业某年内各季度产值

E. 某企业历年产品产量

4. 影响时间序列变动的因素有（　　）。

A. 季节变动　　B. 长期趋势　　C. 循环变动　　D. 不规则变动

5. 平均发展速度的计算方法有（　　）。

A. 几何法　　B. 累计法　　C. 移动平均法　　D. 指数平滑法

6. 时间序列的水平分析指标包括（　　）。

A. 发展水平　　B. 发展速度　　C. 增长量

D. 平均发展水平　　E. 平均增长量

7. 增长速度与发展速度的关系（　　）。

A. 两者仅相差一个基数　　B. 发展速度=增长速度+1

C. 增长速度等于各环比增长速度的连乘积　　D. 定基增长速度=定基发展速度-1

E. 定基增长速度=各环比发展速度的连乘积-1

8. 时间序列的速度分析指标包括（　　）。

A. 增长量　　B. 发展速度　　C. 增长速度

D. 平均增长速度　　E. 平均发展速度

9. 若时间序列中出现了负值，可以计算的指标有（　　）。

A. 增长量　　B. 发展速度　　C. 增长速度

D. 平均发展水平　　E. 平均增长量　　F. 平均增长速度

四、判断题（判断正误并在括号内填√或×）

1. 时间序列是将一系列统计指标按时间先后顺序排列起来的数列。（　　）

2. 在同一时间序列中，各逐期增长量之和等于累计增长量。（　　）

3. 如果时间序列只包含随机波动，不存在长期趋势、季节变动或周期性波动的影响，则称该序列为非平稳序列。（　　）

4. 某企业将一年 12 个月的商品库存量编制成时间序列，该序列是时期序列。（　　）

5. 现象观察值在一年之内呈现出来的周期性波动称为循环波动。（　　）

6. 平均增长速度是环比增长速度的连乘积开 n 次方。（　　）

7. 增长速度是增长量与报告期水平之比。（　　）

8. 定基增长速度等于相应各期环比增长速度的连乘积。（　　）

9. 时间序列中所排列的指标只能是绝对数。（　　）

五、思考题

1. 什么是时间序列？时间序列的影响因素有哪些？

2. 什么是增长量？什么是增长速度？

3. 应用增长率指标时应注意哪些问题？

4. 编制时间序列应遵循哪些原则？

5. 时期序列和时点序列有什么区别？

六、综合应用题

1. 某企业2012—2017年产量资料如下：

年份	2012	2013	2014	2015	2016	2017
产量(万台)	220.61	268.28	320.50	382.17	447.34	504.46

要求：根据上表资料对2012—2017年该企业产量的变化进行动态分析（绘制时间序列图并计算时间序列分析指标)。

2. 某企业1月、3月、6月、9月、12月某种原材料库存数据如下：

时间	1月1日	3月31日	6月30日	9月30日	12月31日
原材料库存量(吨)	560	700	610	850	590

要求：计算该企业此种原材料的年平均库存。

3. 某商业企业2017年的商品销售额和商品月末库存额资料如下：

月份	6	7	8	9	10	11	12
零售额(万元)	—	320	360	450	520	560	440
库存额(万元)	70	90	110	120	156	180	130

要求：计算该企业第三、四季度商品周转次数和周转天数。

4. 某企业某年各季度产品的销售额及销售利润资料如下：

季度	第一季度	第二季度	第三季度	第四季度
销售额(万元)	850	900	900	1 000
销售利润(万元)	230	250	255	340

要求：计算全年平均每季度产品销售利润率。

5. 我国2017年国内生产总值是827 122亿元，如果每年以6.5%的速度递增，到2020年我国的国内生产总值将达到多少?

6. 某企业某年上半年职工人数和工业总产值资料如下：

月份	月末职工人数(人)	总产值(万元)
上年12月	1 980	220
1	2 180	245
2	2 230	268
3	2 295	279
4	2 319	295
5	2 397	322
6	2 390	346

要求：

（1）计算上半年总产值总的增长额。

（2）计算上半年总产值平均每月增长额。

（3）计算上半年总产值总的增长率。

（4）计算上半年总产值平均每月增长率。

（5）计算上半年平均每月职工人数。

（6）计算上半年平均每月总产值。

（7）计算上半年劳动生产率。

（8）计算上半年月平均劳动生产率。

任务 2　趋势外推预测

一、填空题（请将正确答案填在空白处）

1. 某时间序列有 20 年的数据，若采用五年移动平均修匀，则修匀后的数列有________年的数据；若采用四年移动平均，修匀后的数列有________年的数据。

2. 采用移动平均修匀时间数列，移动平均的时距越长，修匀数列项数比原数列越________，而其所表现的长期趋势越______。

3. 最小二乘法是测定长期趋势最常用的方法，它是对原时间序列配合一条较为理想的趋势线，使得原序列中的实际值和趋势值的________为最小。

4. 适用于平稳时间序列预测的方法有__________和__________等。

5. 常用的时间序列预测方法有________、________、________和________。

6. ________适用于有明显长期趋势存在时间序列的预测。

7. 指数平滑预测法中的权数遵循________的原则。

二、单项选择题（请在下列选项中选择一个正确答案并填在括号内）

1. 在直线趋势方程 $\hat{y}=a+bx$ 中，a 和 b 的意义是（　　）。

A. a 表示直线的截距，b 表示 $x=0$ 时的趋势值

B. a 表示最初发展水平的趋势值，b 表示平均发展速度

C. a 表示最初发展水平的趋势值，b 表示平均发展水平

D. a 表示直线的截距；b 是直线的斜率，表示平均增长量

2. 不适用于对平稳序列进行预测的方法是（　　）。

A. 简单平均法　　B. 移动平均法　　C. 指数平滑法　　D. 线性趋势模型

3. 移动平均法适用于（　　）的预测。

A. 平稳序列　　B. 非平稳序列　　C. 有趋势成分序列　D. 有季节成分序列

4. 指数平滑法适用于（　　）的预测。

A. 平稳序列　　B. 非平稳序列　　C. 有趋势成分序列　D. 有季节成分序列

5. 在使用指数平滑法进行预测时，如果时间序列有较大的随机波动，则平滑系数的取值应（　　）。

A. 选较小的 α 值　B. 选较大的 α 值　C. 使 $\alpha=0$　　D. 使 $\alpha=1$

6. 如果采用最小二乘法拟合的线性方程为 $\hat{y}=136-7.5t$，则表明该序列（　　）。

A. 是水平波动　　B. 具有线性上升趋势

C. 具有线性下降趋势　　D. 没有趋势变动

7. 估计标准误差是反映（　　）。

A. 平均数代表性的指标　　B. 相关关系的指标

C. 线性方程代表性的指标　　D. 移动平均数代表性的指标

三、多项选择题（请将正确答案填在括号内）

1. 最小二乘法的数学依据是（　　）。

A. $\sum(y-\hat{y})^2=0$　　B. $\sum(y-\hat{y})=0$

C. $\sum(y-\hat{y})^2=$最小值　　D. $\sum(y-\hat{y})=$最小值

E. $\sum(y-\hat{y})^2<0$

2. 对平稳时间序列进行预测，可选择的预测方法有（　　）。

A. 移动平均法　　B. 指数平滑法

C. 最小二乘法　　D. 季节指数法

3. 采用移动平均法预测时，平均的方法有（　　）。

A. 加权算术平均法　　B. 简单算术平均法

C. 几何平均法　　D. 调和平均法

4. 对时间序列拟合线性趋势模型的条件有（　　）。

A. 预测误差较小　　B. 各逐期增长量大体相同

C. 散点图近似一条直线　　D. 预测误差较大

5. 移动平均法的作用有（　　）。

A. 削弱短期的偶然因素引起的波动
B. 削弱长期的基本因素引起的波动
C. 消除季节变动的影响
D. 用于平稳序列的短期预测

四、判断题（判断正误并在括号内填√或×）

1. 对同一列时间序列数据只能选择一种预测方法进行预测。 （ ）
2. 移动平均法只能用于短期预测，不能用于长期预测。 （ ）
3. 指数平滑法只能用于短期预测，不能用于长期预测。 （ ）
4. 任何时间序列都可以进行时间序列外推预测。 （ ）
5. 对于有趋势存在的时间序列，可以采用指数平滑法进行预测。 （ ）
6. 用估计标准误差来衡量趋势预测的误差，估计标准误差越大，说明预测精确度越高。 （ ）

五、思考题

1. 时间序列外推预测的前提条件是什么？

2. 时间序列外推预测的程序是什么？

六、综合应用题

1. 某公司 2006—2017 年的销售额资料如下：

年份	销售额（万元）	年份	销售额（万元）
2006	355	2012	470
2007	379	2013	481
2008	381	2014	449
2009	431	2015	544
2010	424	2016	601
2011	473	2017	587

要求：

（1）采用三项移动平均法计算趋势值，并预测 2018 年的销售额。

（2）利用指数平滑法预测 2018 年的销售额。

（3）用最小二乘法拟合趋势直线，说明直线方程中 b 的经济意义，并预测 2018 年的销售额。

（4）利用估计标准误差评价上述三种预测方法。

2. 某百货公司某年商品库存额资料如下：

月份	1	2	3	4	5	6	7	8	9	10	11	12
月初商品库存额(万元)	55	70	90	100	90	105	80	110	125	115	130	130

注：12 月末商品库存额为 136 万元。

要求：

（1）采用三项移动平均法对该数列进行平滑处理。

（2）对平滑处理后的时间序列，采用最小二乘法预测下一年度一月末商品库存额。

3. 某地区 2000—2017 年的某种汽车部件产量资料如下：

年份	汽车部件产量(万件)	年份	汽车部件产量(万件)	年份	汽车部件产量(万件)
2000	51.40	2006	147.52	2012	325.10
2001	71.42	2007	158.25	2013	444.39
2002	106.67	2008	163.00	2014	509.11
2003	129.85	2009	183.20	2015	570.49
2004	136.69	2010	207.00	2016	727.9
2005	145.27	2011	234.17	2017	888.7

要求：采用最小二乘法配合线性方程，并预测 2020 年该地区该种汽车部件的产量。

4. 根据如下数据：$n=7$，$\sum t=1\ 890$，$\sum y=31.1$，$\sum t^2=535\ 500$，$\sum y^2=174.15$，$\sum ty=9\ 318$，试确定 y 对 x 的线性方程。

任务 3　季节变动预测

一、填空题（请将正确答案填在空白处）

1. 季节变动是指经济活动在________年时间内呈现出的起伏波动。

2. 反映季节变动的主要指标是________，它表明各季水平比全时期总平均水平高或低的程度。

3. 对于存在明显长期趋势的时间序列，计算季节指数可以采用____________。

二、单项选择题（请在下列选项中选择一个正确答案并填在括号内）

1. 采用按季平均法测定季节比率时，各季的季节比率之和应等于（　　）。

A. 100%　　B. 400%　　C. 120%　　D. 1 200%

2. 季节变动的周期是（　　）。

A. 三个月　　B. 半年　　C. 一年　　D. 三年

三、多项选择题（请将正确答案填在括号内）

1. 假设根据各季度商品销售额计算的一、二、三、四季度的季节指数分别为 123%、65%、80%和 132%，则销售旺季包括（　　）。

A. 一季度　　B. 二季度　　C. 三季度　　D. 四季度

2. 下列变动中属于季节变动的有（　　）。

A. 若干年内各个季节有规律的变动　　B. 一年之内各个月份有规律的变动

C. 一个月之内各天有规律的变动　　D. 一天之内各个时间段有规律的变动

四、判断题（判断正误并在括号内填√或×）

1. 季节变动除了受季节性因素的影响，还受社会习俗的影响。（　　）

2. 时间序列存在长期趋势时，计算季节指数的方法称为趋势剔除法。（　　）

3. 季节变动分析除了要反映季节变动规律，还要反映长期趋势变动。（　　）

五、思考题

1. 什么是季节变动？为什么要测定季节变动？

2. 测定季节变动的步骤是什么？

六、综合应用题

1. 某服装柜台 2014—2017 年各季度服装销售数据如下：

单位：万元

季度＼年份	2014	2015	2016	2017
一	109	122	139	150
二	98	105	102	122
三	115	136	140	144
四	127	147	163	175

要求：计算季节指数，并说明该柜台服装销售的季节特征。

2. 某公司 2014—2017 年各季度某种饮料的销售资料如下：

单位：万瓶

年份＼季度	一	二	三	四
2014	82	138	92	53
2015	94	129	102	51
2016	102	140	110	60
2017	95	161	115	65

要求：采用按季平均法分析该公司饮料销售的季节变动情况。

综合试卷一

一、填空题（请将正确答案填在空白处，每空1分，共15分）

1. 在一组数据中，出现次数最多的变量值称为____________。

2. 各变量值与其____________的离差平方和最小。

3. 若总体服从正态分布，并且方差已知。从其中抽取容量为25的样本，在 $\alpha=0.05$ 水平下，区间估计的边际误差为15，则总体标准差是____________。

4. 在数据整理过程中，为了解决重叠组限“不重”的问题，统计上的规定是____________。

5. 标准分数给出了一组数据中各数值的相对位置，其计算公式为________________。

6. 统计学中把经济现象之间客观存在的、不确定的数量依存关系称为____________。

7. 某产品单位成本连年下降，从2008—2018年的10年间总体下降了60%，则单位成本年递减率的计算公式为________________________。

8. 如果经济现象在一年内出现周期性的起伏变化，则称为____________；如果经济现象在若干年内出现周期性的起伏波动变化，则称为____________。

9. 如果物价指数为114.06%，则用100元，报告期只能买到基期商品的____________%。

10. 离散系数可以消除变量值水平高低和________________对离散程度测度值的影响。

11. 2017年11月某地居民消费价格指数同比增长了1.9%，是2017年11月与____________对比的结果。

12. 研究结构性问题通常使用的图形是________。

13. 增长率每增加一个百分点而增加的绝对数量称为____________________。

14. 将各变量值连乘再开方以求得平均值的方法称为________________。

二、选择题（请将正确答案填在括号内，前10题为单选，11~15题为多选；单选每题1分，多选每题2分，共20分）

1. 下列属于连续变量的是（　　）。

A. 职工人数　　B. 设备台数　　C. 职工工资总额　　D. 生猪存栏头数

2. 对一批食品进行质量检验，最适宜采用的调查方式是（　　）。

A. 全面调查　　B. 抽样调查　　C. 典型调查　　D. 重点调查

3. 对职工的生活水平进行分组研究，正确的分组标志应当是（　　）。

A. 职工月工资总额　　B. 职工月人均收入额

C. 职工家庭成员平均月收入额　　D. 职工人均月岗位津贴

4. 某地区2013—2017年各年职工工资增长率分别为3.6%、0.2%、6.2%、7.9%和

11%，则 2013—2017 年该地区职工工资年均增长率为（　　）。

A. 105.72%　　B. 5.72%　　C. 5.78%　　D. 105.78%

5. 对样本容量为 100 的样本进行总体比例的区间估计时，其边际误差不会超过（　　）。

A. 0.01　　B. 0.02　　C. 0.05　　D. 0.1

6. 相关系数 $r=0$，表明两个变量之间（　　）。

A. 没有线性相关关系　　B. 线性相关程度很低

C. 没有任何相关关系　　D. 线性相关程度很高

7. 年劳动生产率 x（千元）与工人工资 y（元）之间的回归方程为 $y=10+70x$。这意味着年劳动生产率每提高一千元，工人工资平均（　　）。

A. 增加 70 元　　B. 减少 70 元　　C. 增加 80 元　　D. 减少 80 元

8. 报告期水平与基期水平之差称为（　　）。

A. 发展水平　　B. 发展速度　　C. 增长量　　D. 增长速度

9. 已知小张持有的两种股票的综合价格指数上涨了 24 点，本日股票的平均收盘价为 14 元，那么前日股票的平均收盘价为（　　）。

A. 10.64　　B. 10.5　　C. 11.29　　D. 无法计算

10. 两个变量的相关程度为高度线性相关时，相关系数 $|r|$（　　）。

A. 在 0.3 ~ 0.5　　B. 在 0.5 ~ 0.8

C. 高于 0.8　　D. 高于 0.5

11. 判断两个变量之间是否相关及相关关系密切程度的方法有（　　）。

A. 图示法　　B. 表格法　　C. 方程式　　D. 相关系数

12. 时间序列的水平分析指标包括（　　）。

A. 发展水平　　B. 发展速度　　C. 增长量

D. 平均发展水平　　E. 平均增长量

13. 综合指数的特点包括（　　）。

A. 必须先计算个体指数　　B. 借助同度量因素进行综合

C. 必须以全面资料为基础　　D. 同度量因素必须固定在同一时期

E. 计算过程是先综合后对比

14. 影响允许误差的因素有（　　）。

A. 总体被研究标志的变异程度　　B. 抽样方法　　C. 样本容量

D. 抽样组织形式　　E. 置信度

15. 下列数据中属于顺序数据的有（　　）。

A. 职工人数　　B. 职业分类　　C. 顾客满意度

D. 商品品牌　　E. 高、中、低档产品

三、判断题（判断正误并在括号内填√或×，每题 1 分，共 15 分）

1. 重点调查的单位是有意识地从总体中挑选出来的，通常都是那些地位较特殊的单位。（　　）

2. 人口普查属于全面调查。（　　）

3. 若 x 与 y 之间的相关系数 $r=-0.9$，则表明两者不相关。 (　　)

4. 帕氏物价指数公式是以基期的物量为权数的。 (　　)

5. 相关系数 $r=-1$，说明现象之间完全不相关。 (　　)

6. 个体指数是反映单个事物变动情况的相对数。 (　　)

7. 变异指标反映总体分布的离散程度。 (　　)

8. 无论是相关分析还是回归分析，都必须确定自变量和同变量 (　　)

9. 对总体而言，统计分组是将总体中的个体按照它们的差异性分为若干部分。 (　　)

10. 利用组中值计算的平均数比简单平均更精确。 (　　)

11. 当变量值的连乘积等于总比率或总速度时，宜用几何平均数计算平均数。 (　　)

12. 如果时间序列只包含随机波动，不存在长期趋势、季节变动或周期性波动的影响，则称该序列为非平稳序列。 (　　)

13. 移动平均法只能用于短期预测，不能用于长期预测。 (　　)

14. 顺序数据只能绘制累积频数图和环形图，不能绘制圆形图和条形图。 (　　)

15. 箱线图最突出的优点是在反映数据分布的同时能保留原始信息。 (　　)

四、思考题（每题 5 分，共 20 分）

1. 解释分类数据、顺序数据和数值型数据的含义，并举例说明。

2. 什么是标准差和标准差系数？为什么要使用标准差系数？

3. 利用增长率分析时间序列时应注意哪些问题?

4. 简述相关系数及其取值的含义。

五、综合应用题（1、2 题每题 5 分，3、4 题每题 10 分，共 30 分）

1. 甲、乙两班参加同一门课程考试。甲班的平均成绩是 $\bar{x}_{甲}=86$ 分，标准差是 $s_{甲}=12$ 分；乙班考试成绩分布如下：

考试成绩(分)	学生人数(人)	
60 以下	2	
60~70	7	
70~80	9	$\bar{x}_{乙}=77$ 分 $s_{乙}=11.86$ 分
80~90	7	
90~100	5	
合计	30	

要求：

(1) 绘制乙班考试成绩的直方图。

（2）比较甲、乙两班哪个班考试成绩的离散程度大。

2. 某地区国民生产总值在2008—2009年平均每年递增15%，2010—2012年平均每年递增12%，2013—2017年平均每年递增9%。问：

（1）该地区国民生产总值这10年间的总发展速度及平均增长速度。

（2）如果2017年的国民生产总值为500亿元，以后每年增长8%，到2020年可达到多少亿元？

3. 某商店三种商品销售量及价格资料如下：

商品	计量单位	销售量		价格(元)	
		基期	报告期	基期	报告期
甲	万件	40	50	20	18
乙	万盒	60	50	10	12
丙	万双	50	60	16	16

要求：

（1）计算三种商品销售额变动总指数。

（2）计算三种商品销售量综合变动指数。

（3）计算三种商品价格综合变动指数。

4. 从某校 1 000 名学生中随机抽出 10%调查其统计学考试成绩情况，结果如下：

成绩(分)	人数(人)
60 以下	10
60~70	20
70~80	30
80~90	25
90~100	15
合计	100

要求：

（1）以 95.45%的概率保证程度估计该校学生统计学的平均成绩。

（2）以95.45%的概率保证程度估计该校学生统计学的及格率。

综合试卷二

一、填空题（请将正确答案填在空白处，每空1分，共15分）

1. 综合指数的计算特点是______________，平均指数的计算特点是______________。
2. 显著线性相关条件下相关系数的取值范围是______________。
3. 抽样调查必须坚持的基本原则是______________。
4. 统计调查时间包括__________________和__________________。
5. 统计工作的三大职能是___________、___________和___________。
6. 参数是说明_________特征的，变量是说明_________特征的。
7. 抽样推断就是根据_________的信息去研究总体特征。
8. 统计分组应坚持“不重”和“_________”的原则。
9. 条形图一般用来显示_________数据的频数分布。
10. 指数按其反映的项目多少不同分为_________指数和总指数。

二、选择题（请将正确答案填在括号内，前10题为单选，11~15题为多选；单选每题1分，多选每题2分，共20分）

1. 对某河流污染状况进行统计调查，应采用（　　）的方式。

A. 重点调查　　B. 普查　　C. 典型调查　　D. 抽样调查

2. 下列指标中必须以整数形式进行统计的是（　　）。

A. 工资总额　　B. 股价指数　　C. 恩格尔系数　　D. 设备台数

3. 下列指标属于强度相对指标的是（　　）。

A. 产品质量等级　　B. 人口平均寿命　　C. 手机普及率　　D. 产品合格率

4. 某公司2017年利润总额为10 596万元，又知前5年的年平均发展速度为101.96%，则该公司利润总额要达到11 453万元需要（　　）年。

A. 1　　B. 2　　C. 3　　D. 4

5. 某银行5年期间利率（复利）变动情况为：第1~3年为7%；第4~5年为8.2%，则该银行5年期间平均年利率为（　　）。

A. 108%　　B. 8%　　C. 107.5%　　D. 7.5%

6. 在同等条件下，重复抽样的样本容量要（　　）不重复抽样的样本容量。

A. 等于　　B. 小于　　C. 大于　　D. 不确定

7. 通过图书馆收集到的资料是（　　）。

A. 次级资料　　B. 初级资料　　C. 第一手资料　　D. 直接资料

8. 最适合描述结构性问题的图形是（　　）。

A. 条形图　　B. 累积频数图　　C. 圆形图　　D. 累积频率图

9. 某一特定类别或组中的数据个数称为（　　）。

A. 频数　　B. 累积频数　　C. 频率　　D. 累积频率

10. 如果将一组数据排序后分为四份，则上四分位是位于（　　）。

A. 中点位置　　B. 50%位置　　C. 25%位置　　D. 75%位置

11. 非概率抽样有（　　）。

A. 便利抽样　　B. 判断抽样　　C. 滚雪球抽样

D. 配额抽样　　E. 分层抽样

12. 总量指标的计量单位有（　　）。

A. 实物单位　　B. 品质单位　　C. 价值单位

D. 劳动单位　　E. 变量单位

13. 根据相关的形式不同，相关关系可分为（　　）。

A. 线性相关　　B. 完全相关　　C. 不完全相关

D. 不相关　　E. 非线性相关

14. 说明回归方程拟合优度的统计量有（　　）。

A. 相关系数　　B. 回归系数

C. 判定系数　　D. 估计标准误差

15. 原始数据收集方法有（　　）。

A. 访问法　　B. 观察法　　C. 实验法

D. 问卷法　　E. 邮寄法

三、判断题（判断正误并在括号内填√或×，每题1分，共15分）

1. 品质变量用文字表示，所以不能转化为反映总体特征的数据。（　　）

2. 从数据使用者的角度看，数据有两个来源，即直接来源和间接来源。这两个来源对应的分别是二手数据和原始数据。（　　）

3. 对原始数据进行审核时，数据之间有无矛盾的检查属于逻辑性检查。（　　）

4. 任何一个频数分布都必须满足：每一组的频率大于零，各组频率之和等于 1 或大于 1。（　　）

5. 统计分类或分组后各组的次数也称为频数。（　　）

6. 时期指标与时期长短成正比，时点指标与时点间隔成正比。（　　）

7. 绝对数表明现象所达到的规模或水平。（　　）

8. 抽样估计是一种通过样本认识总体的统计分析方法。（　　）

9. 采用不重复抽样的方法，从总体 N 个单位中，随机抽取 n 个单位构成一个样本，则共可抽取 N^n 个样本。（　　）

10. 对同一个总体来说，重复抽样样本均值的方差小于不重复抽样样本均值的方差。（　　）

11. 在大样本条件下，不论总体分布是否服从正态分布，样本均值的抽样分布均服从正

态分布。 (　　)

12. 拉氏价格指数的公式为 $I_p=\frac{\sum p_1q_0}{\sum p_0q_0}$。 (　　)

13. 加权综合指数均把权数固定在报告期。 (　　)

14. 移动平均法只能用于短期预测，不能用于长期预测。 (　　)

15. 只有相关系数才能准确地反映出变量之间相关的程度。 (　　)

四、思考题（每题 5 分，共 20 分）

1. 一组数据的分布特征可以从哪几个方面进行测度？主要测度指标有哪些？

2. 什么是概率抽样？常用的概率抽样方法有哪些？

3. 什么是二手资料？应从哪几个方面评价二手资料？

4. 简述加权综合指数的编制原理。

五、综合应用题（1、2 题每题 5 分，3、4 题每题 10 分，共 30 分）

1. 某工商银行对 320 家企业贷款的平均数是 90 万元，标准差是 18 万元。试按经验法则确定一个、两个和三个标准差范围内贷款户数的百分比。

2. 某储蓄所有储户 5 000 户，经过调查得知，该所储蓄额在 10 000 元以上的储户约占 20%。现对该所储蓄情况进行不重复随机抽样，要求储户比例的抽样误差范围不超过 8%，把握程度为 95.45%，那么其必要抽样单位数是多少？

3. 10 名化妆品推销员的工作年限和年销售额数据如下：

推销员编号	1	2	3	4	5	6	7	8	9	10
工作年限(年)	2	6	4	10	3	8	3	7	5	5
销售金额(万元)	24	69	38	106	23	78	18	90	56	70

要求：

（1）根据上述数据绘制散点图，并判断工作年限与年销售额之间的相关形态。

(2) 计算工作年限与年销售额之间的相关系数，说明两者之间的相关密切程度。

4. 现有三种股票的价格和发行量数据如下：

股票名称	价格(元)		发行量(万股)
	前日收盘	本日收盘	
A	7.9	8.6	10 000
B	12.5	13.2	5 000
C	24.5	25.6	3 000

要求：

(1) 计算股票价格指数，简要解释股票价格的变化。

(2) 说明采用的是何种指数计算方法。

综合试卷三

一、填空题（请将正确答案填在空白处，每空1分，共15分）

1. 变量数列的两大构成要素是__________和__________。

2. 统计表从形式上可分为__________、__________、__________和__________四部分。

3. 一个完整的统计调查方案应包括确定调查目的、__________、调查项目、__________、调查时间和调查的组织工作等。

4. 检查长期计划的完成程度时，如果计划任务规定的是长期计划期末应达到的水平，则检查计划完成程度应采用__________法。

5. 平均发展速度是__________的几何平均数。

6. 加权平均指数是对个体指数的__________。

7. 抽样平均误差与样本容量成________比，如果其他条件不变，抽样平均误差要减少1/4，则样本容量应__________。

8. 判断回归模型拟合度的指标有__________和__________。

二、选择题（请将正确答案填在括号内，前10题为单选，11~15题为多选；单选每题1分，多选每题2分，共20分）

1. 抽样调查的目的是（　　）。

A. 估计样本统计量　　B. 计算抽样误差

C. 估计总体指标的数值　　D. 计算样本量

2. 帕氏指数中，同度量因素（权数）应固定在（　　）。

A. 报告期　　B. 基期　　C. 特定时期　　D. 基期+报告期/2

3. 下列指标中属于时点指标的是（　　）。

A. 股票购买量　　B. 商品销售额　　C. 股票收盘价格　　D. 股票成交金额

4. 是非标志的标准差等于（　　）。

A. $\sqrt{P}$　　B. $\sqrt{p(1-p)}$　　C. $\sqrt{P+(1-p)}$　　D. $\sqrt{(1-p)}$

5. 下列属于连续变量的是（　　）。

A. 职工人数　　B. 设备台数　　C. 职工工资总额　　D. 生猪存栏头数

6. 对一批食品进行质量检验，最适宜采用的调查方式是（　　）。

A. 全面调查　　B. 抽样调查　　C. 典型调查　　D. 重点调查

7. 如果某组数据呈现出右偏分布，则该组数据的众数、中位数和均值的大小关系是（　　）。

A. 众数>中位数>均值　　B. 均值>中位数>众数

C. 中位数>众数>均值　　D. 中位数>均值>众数

8. 按经验法则，当一组数据对称分布时，约有 95.45%的数据落在平均数加减（　　）标准差范围内。

A. 一个　　B. 两个　　C. 三个　　D. 四个

9. 三种空调销售量综合指数（当年比上年）为 106%，销售额比上年增长 8%，则（　　）。

A. 三种空调的价格综合指数为 101.89%　　B. 三种空调的价格均有所上涨

C. 由于价格的提高使销售额提高 2%　　D. 由于价格的提高使销售额提高 14.48%

10. 在对一回归方程进行显著性检验时，得到判定系数为 $r^2=0.80$，下列关于该系数的说法正确的是（　　）。

A. 该系数越大，则方程的预测效果越好

B. 该系数越大，则由回归方程所解释的因变量的变差越多

C. 该系数越大，则自变量的回归对因变量的相关关系越显著

D. 自变量与因变量之间的相关系数可能小于 0.8

11. 非概率抽样有（　　）。

A. 便利抽样　　B. 判断抽样　　C. 滚雪球抽样

D. 配额抽样　　E. 分层抽样

12. 适合于顺序数据的图形有（　　）。

A. 条形图　　B. 圆形图　　C. 环形图

D. 累积频数图　　E. 累积频率图

13. 相对指标的表现形式（　　）。

A. 有名数　　B. 无名数　　C. 百分数

D. 千分数　　E. 小数

14. 编制时间序列的原则是（　　）。

A. 时间长短要统一　　B. 总体范围要一致

C. 指标的经济内容要统一　　D. 指标的计算方法要一致

E. 指标的计算价格和计量单位要统一

15. 对平稳时间序列进行预测，可选择的预测方法有（　　）。

A. 移动平均法　　B. 指数平滑法　　C. 最小二乘法　　D. 季节指数法

三、判断题（判断正误并在括号内填√或×，每题 1 分，共 15 分）

1. 统计和数学研究的都是数据，两者没有什么差别。（　　）

2. 统计研究的对象是客观现象总体的数量特征及其联系，而非有关某一个体的具体情况。（　　）

3. 当 $n \cdot p \geqslant 5$ 时，样本比例的抽样分布可以近似为正态分布。（　　）

4. 平均指数法是先借助于权数对报告期和基期的物量或价格进行综合，然后用报告期的综合量除以基期的综合量。（　　）

5. 进行统计分组时，总体中的任何一个单位有可能同时归属于两个或两个以上的组。（　　）

6. 统计分组既是一种资料整理方法，又是一种统计分析方法。（　　）

7. 按数值型变量分组所形成的分布数列被称为次数分布。（　　）

8. 时间序列中所排列的指标只能是绝对数。（　　）

9. 定基增长速度等于相应各期环比增长速度的连乘积。（　　）

10. 进行相关关系分析时，首先应对被研究现象做出定性判断，再进行定量分析。（　　）

11. 变量 x 与 y 的相关系数和变量 y 与 x 的相关系数是一样的。（　　）

12. 增长速度是增长量与报告期水平之比。（　　）

13. 直方图一般用来显示数值型数据的分布。（　　）

14. 所有统计数据都是用数字表示的。（　　）

15. 抽样调查是我国目前主要的统计调查方式。（　　）

四、思考题（每题 5 分，共 20 分）

1. 简述算术平均数、众数和中位数的应用条件及三者之间的关系。

2. 影响抽样边际误差大小的因素有哪些？

3. 什么是时间序列？时间序列的影响因素有哪些？

4. 什么是统计分组？统计分组的一般原则是什么？

五、综合应用题（1、2 题每题 5 分，3、4 题每题 10 分，共 30 分）

1. 已知某公司产值资料如下：

时间	1 月	2 月	3 月
计划总产值(万元)	70	120	150
计划完成(%)	100	120	124

要求：计算该公司第一季度产值平均计划完成程度。

2. 某股票的开盘价格为 15 元/股，收盘价格为 10 元/股，其相应成交金额分别为 1 000 万元和 5 000 万元。

要求：计算该股票的平均每股成交价格。

3. 调查 10 位同学统计学的课余学习时间与成绩分数的数据如下：

课余学习时间(小时)	学习成绩(分)	课余学习时间(小时)	学习成绩(分)
4	40	7	75
5	62	7	50
6	60	8	87
6	62	10	70
6	65	13	90
7	80		

要求：根据资料建立课余学习时间与学习成绩的直线回归方程，并解释回归系数 b 的实际意义。

4. 某制造商请顾客对其新产品进行满意度打分，分值设置为 0～10。现随机抽取了 25 名顾客，得到样本均值为 7.81，样本标准差为 2.3。试求置信度为 95%的总体均值的置信区间。

综合试卷四

一、填空题（请将正确答案填在空白处，每空 1 分，共 15 分）

1. 统计工作一般要经过统计设计、__________、__________和__________四个阶段。

2. 从形式上看，统计表由总标题、__________、__________和数字资料构成。

3. 按月平均法计算出的各月季节比率之和是__________。

4. __________、__________和__________统称为统计的整体功能。

5. 总量指标按其反映的时间状态不同分为__________和__________。

6. 显著线形相关条件下相关系数的取值范围是__________。

7. 如果一组数据的均值小于中位数，且中位数小于众数（即 $\bar{x}<M_e<M_o$），则该组数据属于________分布。

8. 平均指标反映统计分布的集中趋势，________指标反映统计分布的离中趋势。

9. 统计学中把经济现象之间客观存在的、不确定的数量依存关系称为________。

二、选择题（请将正确答案填在括号内，前 10 题为单选，11~15 题为多选；单选每题 1 分，多选每题 2 分，共 20 分）

1. 某变量数列的最高组为开口组“1 000 以上”，又知其邻近组的组距是 200，则该组的组中值是（　　）。

A. 1 100　　B. 1 200　　C. 1 500　　D. 1 150

2. 某地区产值 2017 年比 2016 年增长 10%，2016 年比 2015 年增长 20%，则 2017 年比 2015 年增长（　　）。

A. 9.1%　　B. 10%　　C. 15%　　D. 32%

3. 某企业当年与上年相比产量增长 20%，产品价格下降 20%，则其产值（　　）。

A. 不变　　B. 增长　　C. 下降　　D. 无法计算

4. 在其他条件不变的情况下，要使简单随机重复抽样的抽样平均误差减少 50%，则样本容量要增加（　　）。

A. 1 倍　　B. 2 倍　　C. 3 倍　　D. 4 倍

5. 在参数估计中利用 t 分布构造置信区间的条件是（　　）。

A. 总体分布须服从正态分布，且方差已知

B. 总体分布为正态分布，方差未知

C. 总体不一定是正态分布，但必须是大样本

D. 总体不一定是正态分布，但必须方差已知

6. 已知小张持有的两种股票的综合价格指数上涨了 24 点，本日股票的平均收盘价为 14 元，前日股票的平均收盘价为（　　）。

A. 10.64 元　B. 10.5 元　C. 11.29 元　D. 无法计算

7. 众数是总体中（　　）的标志值。

A. 位置居中　B. 数值最大　C. 出现次数较多　D. 出现次数最多

8. 当可靠度大于 0.682 7 时，边际误差（　　）。

A. 大于抽样标准差　B. 小于抽样标准差

C. 等于抽样标准差　D. 与抽样平均误差的大小关系依样本容量而定

9. 已知变量 x 与 y 之间存在着负相关，则下列回归方程中（　　）肯定是错误的。

A. $\hat{y}=-10-0.8x$　B. $\hat{y}=100-1.5x$

C. $\hat{y}=-150+0.9x$　D. $\hat{y}=25-0.7x$

10. 当所有观察值 y 都落在回归直线 $\hat{y}=a+bx$ 上，则 x 与 y 之间的相关系数（　　）。

A. $r=1$　B. $-1<r<0$　C. $r=1$ 或 $r=-1$　D. $0<r<1$

11. 中位数是（　　）。

A. 按顺序排列位置在正中间的变量值

B. 次数最多的变量值

C. 位置平均数

D. 有一半变量值比此数大，有一半变量值比此数小

12. 下列等式正确的有（　　）。

A. 增长速度＝发展速度－1　B. 平均发展速度＝平均增长速度+1

C. 环比发展速度＝环比增长速度+1　D. 定基增长速度＝定基发展速度－1

13. 若时间序列中出现了负值，可以计算的指标有（　　）。

A. 增长量　B. 发展速度　C. 增长速度

D. 平均发展水平　E. 平均增长量　F. 平均增长速度

14. 相对指标的表现形式有（　　）。

A. 价值单位　B. 实物单位　C. 百分数、千分数

D. 倍数、小数　E. 劳动单位

15. 下列指标中是时点总量指标的是（　　）。

A. 产品产量　B. 生产能力　C. 销售量

D. 职工人数　E. 流动资金占用

三、判断题（判断正误并在括号内填√或×，每题 1 分，共 15 分）

1. 统计调查的任务是收集总体的原始资料。（　　）

2. 普查是取得全面统计资料的唯一调查方式。（　　）

3. 组中值的假定性是指假定各单位变量在本范围内均匀分布。（　　）

4. 组距是各组变量值的变动范围，计算组距的通用公式是：“组距＝本组上限－前组上限”。（　　）

5. 众数只适用于变量数列，不适用于品质数列。 （ ）

6. 上四分位数与下四分位数之差称为四分位差。 （ ）

7. 随机抽样就是随意抽样。 （ ）

8. 重复抽样误差一定大于不重复抽样误差。 （ ）

9. 正相关指的就是两个变量之间的变动方向都是上升的。 （ ）

10. 在回归分析中，对于没有明显因果关系的两个变量可以求得两个回归方程。（ ）

11. 估计标准误差是以回归直线为中心，反映各观察值与估计值平均数之间离差程度的大小。 （ ）

12. 事物在一年内有规律的周期波动称循环波动。 （ ）

13. 最小二乘法的意义是观察值与趋势值的离差之和等于零。 （ ）

14. 单位成本指数是数量指数。 （ ）

15. 某企业报告期与基期相比产品产量增长 2%，产品总成本降低 1%，则单位产品成本降低 3%。 （ ）

四、思考题（每题 5 分，共 20 分）

1. 常用的相对指标有哪些？如何计算？

2. 简述时间序列的影响因素。

3. 简述时期数列与时点数列的主要区别。

4. 简述抽样估计中估计的把握程度与准确程度之间的关系。

五、综合应用题（1、2 题每题 5 分，3、4 题每题 10 分，共 30 分）

1. 某企业某年度有关资料如下：

月份	3	4	5	6
总产值(万元)	100	140	200	220
月末工人人数(人)	50	60	80	120

要求：计算该企业第二季度工人的月人均产值。

2. 已知甲企业 2010 年的产值为 100 万元，2017 年的产值为 800 万元；乙企业 2017 年的产值为 1405 万元。问：甲企业按此速度大约需要多少年才能赶上乙企业 2017 年的产值水平？

3. 某商业企业的有关资料如下：

月份	月销售额（万元）	销售费用率(元/百元)	月份	月销售额（万元）	销售费用率(元/百元)
1	100	12	4	160	10
2	120	11	5	200	8
3	150	10	6	220	6

要求：

（1）建立销售费用率对销售额的直线回归方程。

（2）当月销售额为 300 万元时，预测销售费用率。

4. 对某校 400 名学生的月支出情况进行了抽样调查，发现平均每人每月生活费支出为 450 元，标准差为 50 元。试以 95.45%的概率保证程度推断该校学生每人每月生活费支出的置信区间。

综合试卷五

一、填空题（请将正确答案填在空白处，每空1分，共15分）

1. 对企业按经济类型分组，在此基础上再按企业规模分组，这样的分组属于__________。

2. 某地区某年的财政总收入为248.50亿元，从反映的时间上看，该指标是______________指标。

3. 增长1%的绝对值是__________除以100的绝对值。

4. 若掌握了个体指数和$\sum p_0 q_0$，一般用________________计算总指数。

5. 判定总离差平方和中有多大比例可以用回归直线来解释的指标为______________。

6. 一个完整的统计调查方案应包括调查目的、________、调查项目、_________、调查时间和调查的组织工作等。

7. 检查长期计划的完成程度时，若计划任务规定的是长期计划期末应达到的水平，检查计划完成程度应采用__________法。

8. 平均发展速度是______________的序时平均数。

9. 平均指数是对个体指数的______________。

10. 抽样平均误差与样本容量的平方根成_______比，如果其他条件不变，抽样平均误差要减少3/4，则样本容量应__________。

11. 根据变量值是否连续可将变量分为_____________和_____________两种。

12. 描述时间序列的图形是______________。

二、选择题（请将正确答案填在括号内，前10题为单选，11~15题为多选；单选每题1分，多选每题2分，共20分）

1. 某地区为了掌握化肥生产的质量情况，拟对占该地区化肥总产量80%的五大化肥厂的生产情况进行调查，这种调查方式是（　　）。

A. 普查　　B. 典型调查　　C. 抽样调查　　D. 重点调查

2. 下列适合编制单项式数列的是（　　）。

A. 连续型变量且各变量值变动幅度较小　　B. 离散型变量且各变量值变动幅度较小

C. 连续型变量且各变量值变动幅度较大　　D. 离散型变量且各变量值变动幅度较大

3. 时期序列中的每一指标数值（　　）。

A. 每隔一季统计一次　　B. 连续不断统计而取得

C. 每隔一年统计一次　　D. 每隔一月统计一次

4. 时间序列中的平均发展速度是（　　）。

A. 各时期环比发展速度的连乘积
B. 各时期环比发展速度的算术平均数
C. 各时期定基发展速度的算术平均数
D. 各时期环比发展速度的几何平均数

5. 下列指数中的质量指标指数是（　　）。
A. 工业产品物量指数　　B. 单位成本指数
C. 销售额指数　　D. 销售量指数

6. 当相关系数 $r=0$ 时，表明（　　）。
A. 现象之间完全相关　　B. 现象之间相关程度较小
C. 现象之间完全无关　　D. 现象之间不存在线性相关

7. 以下各序列中属于时点序列的是（　　）。
A. 某企业的历年年末职工人数　　B. 某企业某年各月产值
C. 某商店各月销售额　　D. 某校历年招生人数

8. 某银行 5 年期间存款额的变动情况为：第 1~3 年平均每年增长 4.5%，第 4~5 年平均每年增长 6.2%，则该银行 5 年期间的存款额年均增长（　　）。
A. 5.35%　　B. 5.18%　　C. 5.28%　　D. 5.12%

9. 在纯随机重复抽样条件下，假设其他条件不变，为使抽样误差减少一半，则样本容量需增加（　　）。
A. 4 倍　　B. 3 倍　　C. 2 倍　　D. 1 倍

10. 对于不同水平的总体，不能直接用标准差比较其变量值的离散程度，这时需要用（　　）来比较。
A. 标准差系数　　B. 平均差　　C. 全距　　D. 四分位差

11. 我国现行统计调查方法体系的内容包括（　　）。
A. 以经常性统计报表为主体　　B. 以经常性抽样调查为主体
C. 以周期性重点调查为基础　　D. 以周期性普查为基础
E. 以统计报表、重点调查为补充

12. 如果两组数据的标准差相同，那么（　　）。
A. 两组数据的离散程度也相同　　B. 均值大的组离散程度大
C. 均值大的组离散程度小　　D. 均值小的组离散程度大
E. 均值小的组离散程度小

13. 某种商品基期销售量为 600 台，报告期销售量为 660 台，指数为 110%，则该指数是（　　）。
A. 加权综合指数　　B. 数量指标指数　　C. 总指数
D. 质量指标指数　　E. 个体指数

14. 影响抽样误差的因素有（　　）。
A. 总体被研究标志的变异程度　　B. 抽样方法　　C. 样本容量
D. 抽样组织形式　　E. 置信度

15. 下列现象中（　　）属于相关关系。

A. 农作物收获量与施肥量之间的关系　　B. 商品销售额与利润率之间的关系
C. 产品生产费用与产品单耗之间的关系　　D. 家庭收入与消费支出之间的关系
E. 学习时间与学习成绩之间的关系

三、判断题（判断正误并在括号内填√或×，每题1分，共15分）

1. 要了解一家企业的产品生产情况，总体单位必须是每一件产品。（　　）

2. 确定调查对象和调查单位，是为了回答向谁调查，由谁来具体提供统计资料的问题。（　　）

3. 普查是专门组织的一次性全面调查，所以其调查结果不可能存在误差。（　　）

4. 几何平均数是计算平均比率和平均速度最适用的一种方法。（　　）

5. 全距不受中间标志值的影响。（　　）

6. 变量值越大，标准差越大；反之，变量值越小，标准差越小。（　　）

7. 抽样误差产生的原因是抽样调查时违反了随机原则。（　　）

8. 在总体各单位标志值大小悬殊的情况下，运用类型抽样比简单随机抽样可以得到更为准确的结果。（　　）

9. 负相关指的是两个变量的变化趋势相反，一个上升而另一个下降。（　　）

10. 当回归系数大于零时，则为正相关；当回归系数小于零时，则为负相关。（　　）

11. 长期趋势线按形状可分为直线趋势和曲线趋势两种。（　　）

12. 循环变动周期往往是数年或更长的时期。（　　）

13. 最小二乘法的意义是观察值与趋势值的离差之和等于零。（　　）

14. 如果物价指数不变，物量指数上升，那么价值指数的增长率一定与物量指数的增长率相同。（　　）

15. 某地区零售物价指数为115.8%，则用同样多的人民币比上年少购买15.8%的商品。（　　）

四、思考题（每题5分，共20分）

1. 什么是季节指数？季节指数的经济意义是什么？

2. 一项完整的统计调查方案应包括哪些内容？

3. 什么是最小二乘法？写出最小二乘法拟合的一元线性回归方程参数的计算公式，并说明参数 a 与 b 的经济意义。

4. 确定样本容量需考虑哪些因素？这些因素与样本量大小的关系是什么？

五、综合应用题（1、2 题每题 5 分，3、4 题每题 10 分，共 30 分）

1. 50 名学生的学习成绩（分）数据如下：

86	92	99	46	50	64	50	92	49	85	72	78	78	86	70	89	85
80	90	66	95	54	89	76	66	90	79	86	62	89	90	80	38	64
91	63	81	69	81	46	92	85	96	92	78	21	74	65	75	49	

要求：

（1）根据上述资料编制频数分布数列。

（2）根据编制的频数分布数列绘制直方图。

2. 某工厂某年第一季度职工人数资料如下：

日　　期	1月1日	2月1日	3月1日	4月1日
全部职工人数(人)	400	500	500	600

要求：计算该工厂第一季度平均职工人数。

3. 某校有4 500名学生，不重复随机抽选20%，调查其在校期间撰写调查报告的篇数。相关资料如下：

撰写报告(篇)	4以下	4~6	6~8	8~10	10以上	合计
学生人数比重(%)	8	22	40	25	5	100

要求：以95.45%的概率保证推断全校学生平均每人撰写调查报告篇数的可能范围。

4. 某设备使用年限和维修费用的对应资料如下：

设备使用年限（年）	2	2	3	4	5	6
维修费用（元）	62	79	81	99	90	124

要求：

（1）拟合设备使用年限与维修费用的直线回归方程。

（2）推算当设备使用年限为 8 年时维修费用的估计值。